LE MONDE
DES
ARCHANGES

LE MONDE

DES

ARCHANGES

DOREEN VIRTUE

ÉDITIONS EXERGUE
27, rue des Grands Augustins
75006 - Paris

Éditeur : Claudia Trédaniel
Traduction : Kurt Martin
Révision linguistique : L. Lespinay
Révision : Katherine Lacombe, Nancy Coulombe
Montage de la couverture : Sylvie Valois
Illustration de la couverture : Marius Michael-George
Photo de Doreen : www.photographybycheryl.com
Design : Tricia Breidenthal
Mise en pages : Sylvie Valois

ISBN : 978-2-36188-057-6

www.editions-tredaniel.com
info@guytredaniel.fr

Note de l'éditeur :
La traduction de cet ouvrage a été réalisée par un traducteur Québécois.
Par respect du droit de la propriété intellectuelle, nous avons pris le parti
de laisser les termes propres à la traduction originale.

À Dieu.
Merci pour les
archanges bien-aimés.

TABLE DES MATIÈRES

QUI SONT LES
ARCHANGES ?

Le mot « archange » dérive des termes grecs *archi*, qui signifie « premier, principal ou chef », et *angelos* qui signifie « messager de Dieu ». Les archanges sont ainsi les messagers en chef de Dieu.

Les archanges sont des êtres célestes extrêmement puissants. Chacun possède sa spécialité et représente un aspect de Dieu. Vous pouvez penser aux archanges comme à différentes facettes de la figure de Dieu, qui est l'ultime pierre précieuse de l'univers. Ces facettes, ou archanges, sont des prismes qui propagent la lumière et l'amour divins de façons spécifiques à tous les habitants de la Terre.

Les archanges sont l'une des créations originelles de Dieu, et ils sont apparus bien avant le genre humain et les religions officielles. Ils appartiennent à Dieu, et non à des théologies particulières. Par conséquent, les archanges travaillent avec les personnes de toutes les confessions et croyances religieuses. En fait, ils travaillent avec tous ceux et celles qui le demandent.

Les œuvres d'art représentent les archanges sous une forme humaine idéale avec de grandes ailes évoquant celles d'un aigle ou d'un cygne, contrairement à la représentation artistique des chérubins sous forme de bébés avec de petites ailes.

Dans ce livre, je discuterai de 15 des archanges de Dieu, provenant des traditions monothéistes, incluant les célèbres anges de la Bible et des livres non canoniques (les manuscrits de la mer Morte). Je n'ai inclus que des anges reconnus par les théologiens judéo-chrétiens.

Mes recherches s'appuient sur :

- La Bible canonique judéo-chrétienne traditionnelle.

- Les livres apocryphes (ceux qui ne sont pas inclus dans la Bible canonique, mais qui sont quand même considérés comme des écrits sacrés), tels le livre d'Hénoch (qui a d'abord été écrit en éthiopien puis plus tard en hébreu) et le livre d'Esdras.

- La Kabbale mystique juive (laquelle reconnaît les archanges comme gardiens du cheminement spirituel ou Arbre de Vie), incluant le Zohar.

- Le Coran monothéiste.

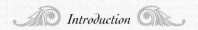

- Les enseignements de l'Église orthodoxe orientale.

J'ai combiné ces références scripturaires aux connaissances acquises pendant mes années de travail avec ces archanges et au cours de mon enseignement sur eux. Comme vous le verrez, chaque chapitre sur un archange comprend une ou deux histoires vécues qui illustrent comment les archanges participent à notre vie moderne. Différentes prières s'insèrent également au fil du texte, en rapport avec les spécialités propres à chaque archange.

Les neuf chœurs des anges

Selon l'*angélologie,* ou étude des anges, il y aurait neuf «chœurs» ou catégories d'anges :

- **Séraphins :** Ils appartiennent à l'ordre supérieur des anges ; apparemment d'un éclat flamboyant, puisqu'ils sont les plus proches de Dieu. Ils sont faits de lumière pure.

- **Chérubins :** Habituellement dépeints comme des enfants potelés avec des ailes de Cupidon, les chérubins sont au second rang de la première hiérarchie. Ils sont constitués d'amour pur.

- **Trônes :** La triade des séraphins, des chérubins et des trônes résident dans les plus hautes sphères des Cieux. Les trônes forment un pont entre le matériel et le spirituel, et représentent la droiture et la justice de Dieu.

- **Dominations :** Les dominations occupent le premier rang de la seconde triade des anges. Ils sont les surveillants ou les dirigeants des anges, selon la volonté de Dieu.

- **Vertus :** Ces anges gouvernent l'ordre de l'univers physique, veillant sur le soleil, la lune, les étoiles et toutes les planètes, dont la Terre.

- **Puissances :** Comme son nom l'implique, ce chœur comporte des guerriers pacifiques qui purifient l'univers des énergies inférieures.

- **Principautés :** La troisième triade est constituée des anges qui sont le plus près de la Terre. Les principautés veillent sur la planète, y compris les nations et les villes, pour accomplir la volonté divine de paix sur la Terre.

- **Archanges :** Ce sont les gardiens de l'humanité et des anges gardiens.

Chaque archange possède une spécialité qui représente un aspect de Dieu.

- **Anges gardiens :** Vous, comme tout un chacun, possédez des anges gardiens personnels qui vous sont assignés pour la vie.

Ce modèle des neuf chœurs dérive des références bibliques aux séraphins et aux chérubins, qui ont été développées au Ve siècle dans les écrits du théologien Pseudo-Denys, puis popularisées dans l'œuvre poétique de John Milton, *Le Paradis perdu*.

Interagir avec les anges

Puisque les archanges sont si proches de la Terre et de l'humanité, il est normal que nous puissions communiquer avec eux. De fait, la Bible rapporte de nombreuses histoires où les gens interagissent avec Michael et Gabriel. Les archanges interagissent toujours avec nous en conjonction avec la volonté divine de paix.

Nous n'avons pas à adresser nos prières aux archanges, ni à les vénérer. Toute la gloire revient à Dieu. Nous travaillons avec les archanges simplement parce qu'ils sont un don que Dieu nous fait à tous, et qu'ils font partie du grand dessein de paix divin.

Alors, pourquoi n'adressons-nous pas toutes nos questions et requêtes directement à Dieu ? Parce que les archanges sont des extensions de Dieu, qui sont plus faciles à entendre et à sentir en période de grand besoin. Leurs vibrations sont très condensées, et ils sont palpables et presque tangibles. Tout comme le coucher de soleil ou l'arc-en-ciel, les archanges nous rappellent l'amour divin.

Vous n'avez pas besoin d'être un saint ou une personne au comportement irréprochable pour obtenir l'aide des archanges. Ils passent outre les faiblesses humaines et regardent la part de bonté qui réside en chacun de nous. Ils veulent apporter la paix sur Terre et nous aider à devenir *pacifiques*. C'est pourquoi leur mission inclut aussi d'aider les personnes qui ne sont *pas* pacifiques dans le monde.

En tant qu'hologrammes de l'omniprésence divine, les archanges sont des êtres illimités. Rappelez-vous la promesse que Jésus nous a faite : « Je suis avec vous pour toujours ». Eh bien, les archanges — tout comme Jésus — sont capables d'accompagner chaque personne qui demande leur aide.

Notez toutefois que les archanges ne violeront jamais votre libre arbitre en intervenant sans obtenir votre permission, même si cela pouvait vous rendre plus heureux. Ils doivent attendre que vous leur donniez votre aval d'une manière ou d'une autre : que ce soit avec une prière, un cri d'appel à l'aide, un souhait, une visualisation, une affirmation ou une pensée. Les

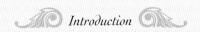

archanges ne se préoccupent pas de la *façon* dont vous sollicitez leur aide, mais seulement que vous le *faites*.

Vous n'avez pas non plus à vous inquiéter si vous demandez leur aide de façon correcte ou pas. Vous n'avez pas besoin d'entraînement spécial ou d'utiliser des incantations sophistiquées pour attirer leur attention. Toute demande d'aide sincère est suffisante, puisqu'ils n'ont besoin que de votre permission.

Les prières affirmatives et de supplication fonctionnent. Dans les premières, il s'agit d'une affirmation ou d'une visualisation immédiate, telle que : « Merci, archange Michael, de me protéger ». Les secondes consistent en un appel. Par exemple : « Je t'en prie, protège-moi, archange Michael ». Les deux donnent le même résultat.

La réponse est la même lorsqu'on se demande : « Dois-je m'adresser à Dieu directement ? Dois-je lui demander de m'envoyer les anges appropriés ? Ou dois-je m'adresser aux anges directement ? » Ces questions impliquent qu'il existe une séparation entre Dieu et les anges, mais il n'y a en pas.

Ce livre vous aidera à connaître les spécialités, caractéristiques, personnalités et énergies de mes archanges favoris. De cette façon, vous pourrez développer une relation plus intime avec eux. Plus vous travaillerez avec eux, plus vous apprendrez à leur faire confiance. Vous vous sentirez en paix, sachant

que vous êtes en sécurité et protégé dans toutes les situations.

Les archanges dans les textes sacrés

Les archanges ont été décrits dans des textes sacrés tels :

— **La Bible :** Michael et Gabriel sont les deux seuls archanges à être spécifiquement nommés dans la Bible. Le livre de Daniel décrit les deux anges, incluant le rôle joué par Gabriel pour aider Daniel à interpréter ses visions, et désigne Michael comme «l'un des Princes de premier rang». Dans Luc, Gabriel apparaît dans la célèbre annonciation : «Soyez sans crainte, car voici que je vous annonce une grande joie», celle de la naissance prochaine de Jean le Baptiste et de Jésus Christ. Michael figure également dans l'Épître de Jude, pour protéger le corps de Moïse, et dans l'Apocalypse.

— **Livres apocryphes et talmudiques :** Les textes qui ne figurent pas dans la Bible canonique sont toutefois encore considérés comme sacrés et font partie de la Bible de l'Église orthodoxe orientale et d'autres Églises. Le Livre d'Hénoch parle des archanges Michael, Raguel, Gabriel, Uriel et Métatron. Le Livre de Tobie raconte comment l'archange Raphaël guide Tobie dans ses voyages et l'aide à créer un onguent pour guérir son père, Tobit. Le quatrième livre d'Esdras ou Apocalypse d'Esdras (reconnu par l'Église copte) fait référence à l'archange Uriel, le nommant « ange du salut ».

— **Le Coran :** Les écritures islamiques ont été révélées à Mahomet par l'archange Gabriel (Jibrayil). Le Coran et la tradition musulmane décrivent également les archanges Michael (Mikaaiyl), Raphaël (Israfel) et Azraël (Izrael).

Combien y a-t-il d'archanges ?

La réponse varie d'une confession religieuse à l'autre.

Traditionnellement, les gens pensent au quatuor de Michael, Raphaël, Gabriel et Uriel. Cependant, comme je l'ai déjà mentionné, seulement deux sont mentionnés dans la Bible officielle. Les musulmans considèrent qu'il y a quatre archanges : Gabriel, Michael, Azraël et Raphaël.

L'Apocalypse biblique nous apprend qu'il y a sept archanges, et dans le Livre deutérocanonique de Tobie, il est dit que Raphaël fait partie des sept. Les gnostiques considèrent eux aussi qu'il y a sept archanges. Les historiens croient que le chiffre sept provient d'un mélange de la religion et de l'astronomie des Babyloniens, en référence aux pouvoirs mystiques des sept planètes.

Les sept archanges qui figurent dans cette liste peuvent changer selon la source qui les cite. Et cela, sans compter que le nom de chaque archange possède des variantes graphiques et de prononciation.

Dans la Kabbale mystique juive, dix archanges représentent chacun des *Sephiroth,* ou aspect de Dieu. Selon cette tradition, Métatron est le chef des archanges.

La question du nombre d'archanges existants peut devenir ainsi subjective et prêter à confusion. J'ai essayé de répondre de manière satisfaisante à cette question au cours des recherches et de la rédaction de mon livre *Archanges et maîtres ascensionnés.* Ma méthodologie a consisté à en apprendre autant que possible sur les archanges, puis à communiquer et interagir de façon personnelle avec chacun d'entre eux. Les 15 archanges qu'il m'a été facile de contacter et sur lesquels j'ai fait des recherches, et qui émanent du pur amour et de la lumière de Dieu, ont été inclus dans le livre ci-haut mentionné — et dans ce livre-ci.

En vérité, il y a des légions d'archanges qui nous aident ici sur Terre. La théologie orthodoxe orientale considère même qu'il y a en a des milliers. Je prie pour que nous ouvrions nos esprits et accueillions les archanges dignes de confiance dans le cercle de nos amis spirituels.

Si vous vous inquiétez des énergies inférieures, je veux vous rassurer, car en aucune façon des êtres

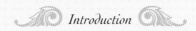

physiques ou spirituels se nourrissant de la peur ne peuvent imiter l'intensité de l'amour et de la lumière curative qui émane de nos archanges divins bien-aimés. De plus, si vous demandez à Dieu, à Jésus et à Michael de vous protéger des énergies inférieures, ils seront heureux de faire en sorte que seuls les êtres de lumière vous accompagnent.

Il y a effectivement des énergies inférieures — des êtres spirituels se nourrissant de la peur que certains appellent des « anges » — mais ce sont en réalité des esprits attachés à la Terre. Par exemple, un « archange » nommé Samaël a déjà été nommé « ange de lumière » ou « porteur de lumière ». Mais lorsque la lumière de Samaël a décliné, il est devenu vindicatif et maléfique. Cela semble être la base des développements sur Lucifer qui n'est pas mentionné spécifiquement dans la Bible, mais qui apparaît dans la mythologie et les légendes.

Dans ce livre, je suis restée à bonne distance de ces « anges des ténèbres » chers aux occultistes, incluant ceux qui sont supposément associés au roi Salomon. La légende occulte soutient que Salomon a utilisé son anneau magique, marqué de l'étoile de David, pour contrôler les démons qui ont construit son temple. Ces 72 démons figurent parfois dans des listes de noms des anges, mais ce ne sont en aucun cas des anges. Les enseignements des soi-disant Clefs majeures et Clavicules de Salomon attirent les énergies inférieures et indignes de confiance. (En passant, je ne crois pas que le bon roi Salomon ait travaillé avec des énergies inférieures.)

Certains occultistes invoquent les noms des saints archanges Michael, Raphaël, Gabriel et Uriel lors de cérémonies funestes. Mon conseil : tenez-vous loin de toute religion ou pratique spirituelle qui entretient la peur et la culpabilité. Fréquentez les vrais anges de lumière et d'amour de Dieu — ce sont ceux qui vous apporteront réellement la paix et le bonheur que vous désirez.

La remarque que me font le plus souvent ceux et celles qui commencent à travailler avec les archanges est la suivante : « Ils ont changé ma vie pour le meilleur ! » Les personnes deviennent plus heureuses, sont en meilleure santé, plus paisibles et pleines de confiance. C'est la réponse à leur appel. Les archanges représentent un moyen très intime de communiquer avec la sagesse et l'amour divins.

Puissiez-vous être porté sur les ailes des anges à chaque moment de la journée !

— **Doreen Virtue**

Chapitre 1

MICHAEL

Cher archange Michael, merci de me protéger ainsi que les êtres qui me sont chers. Merci de veiller sur nous, nos maisons et nos véhicules. Merci de me donner le courage et la confiance de poursuivre ma mission divine.

Michael est aussi connu sous le nom de : saint Michel, Mikael, Miguel, Mika'il, Mikha'el, Beshter ou Sabbathiel

Le nom Michael signifie : « Qui est l'image de Dieu »

Michael est probablement le plus célèbre de tous les archanges. Il a été canonisé, des églises portent son nom, il occupe une place importante dans la Bible et d'autres textes sacrés, et d'innombrables hommes portent également son nom.

Les œuvres d'art anciennes et modernes représentent Michael comme un archange athlétique et musclé, avec des expressions faciales et des attitudes corporelles qui dénotent une extrême puissance. Habituellement, il est peint avec son épée suspendue au-dessus d'un démon vaincu. Cela exprime la fonction première de Michael, qui est de vaincre l'ego et la peur.

Son épée est en réalité faite de lumière, non de métal, et elle est utilisée pour nous arracher aux griffes de la peur. Michael sait que si nous ne sommes plus effrayés, nous connaîtrons la paix.

Certains pensent que Michael et Jésus sont le même fils divin de Dieu, parce qu'ils ont des missions similaires. J'ai découvert que les deux travaillent en étroite collaboration, tout en ayant des *personas* distinctes. Lors de mes recherches historiques psychiques, j'ai trouvé des éléments qui montrent que Jésus et Michael travaillaient ensemble lorsque les humains ont commencé à peupler la Terre. Ils ont toujours été ici sur Terre, et ils y seront toujours… nous protégeant tous, ainsi que la planète.

Michael est l'un des deux archanges nommés dans la Bible canonique (avec Gabriel). Dans le livre de Daniel, Michael s'identifie au prophète Daniel en tant que protecteur d'Israël. Michael protège le corps de Moïse dans l'Épître de Jude et combat les dragons (symbole historique du diable ou de l'ego) dans l'Apocalypse. Dans le livre apocryphe d'Hénoch, Michael est nommé « prince d'Israël », qui instruit et protège le prophète Hénoch.

Selon la tradition juive, Michael est apparu à Abraham, et c'est probablement lui qui a aidé Moïse à recevoir les tablettes des Dix Commandements et qui s'est interposé pour sauver la vie d'Isaac et de Jacob.

Le catholicisme enseigne que Michael vaincra l'Antéchrist à la fin des temps. En raison de ses interventions miraculeuses, la tradition catholique révère Michael et l'a nommé saint patron des policiers et autres secouristes.

Michael est également un saint patron pour les malades, et il est traditionnellement considéré comme un grand guérisseur. Il est souvent invoqué en même temps que Jésus, Raphaël et les autres saints associés à la guérison des maladies physiques.

Chaque archange possède sa spécialité, et certains comme Michael en possèdent plusieurs. Voici la liste de ses spécialités :

Protection

En tant que défenseur de tout ce qui est pur, Michael est l'archétype de la force et de la bravoure. Il intervient miraculeusement pour sauver des vies et pour protéger les corps physiques, êtres chers, véhicules, biens et réputations.

Un officier de l'armée de l'air, Earl T. Martin, est toujours en vie parce qu'il a entendu et suivi les avertissements verbaux de Michael.

Earl se trouvait en Alaska dans un camp de l'armée de l'air. Tandis qu'il était étendu dans sa petite tente pour faire la sieste, il a distinctement entendu une voix masculine qui lui disait : « Ne reste pas couché dans cette position. Vite, déplace-toi immédiatement dans la direction opposée. »

Earl a obéi à Michael et s'est couché dans l'autre direction. Quelques instants plus tard, il a entendu un coup de feu et ressenti une brûlure à la cheville. L'un des militaires avait accidentellement fait partir un coup de fusil et effleuré la cheville d'Earl. Si Earl n'avait pas tenu compte de l'avertissement de Michael, la balle aurait atteint sa tête !

Protection dans un véhicule

Merci, archange Michael, de protéger mon véhicule et quiconque s'y trouve, ainsi que tous ceux qui conduisent et marchent près de nous.

J'ai lu et entendu de nombreuses histoires où Michael sauve un conducteur d'un accident éventuel, comme dans celle de Hilda Blair.

Chaque matin, Hilda demande à l'archange Michael de la protéger, particulièrement lorsqu'elle conduit. Récemment, elle a pu constater le résultat de ses prières et la protection de Michael.

Hilda conduisait sa petite voiture sur une autoroute achalandée. Devant elle, un gros camion blanc a commencé à se déplacer vers la voie de gauche.

Alors, Hilda a décidé d'accélérer et de prendre la place qu'il venait de laisser. Juste comme elle s'apprêtait à le faire, une voix lui a dit : « Reste où tu es. Ne t'avance pas. Il va se raviser. » Hilda a d'abord pensé que la voix faisait erreur, puisque le camion blanc continuait à se déplacer vers la gauche.

Mais soudainement, le camion a bifurqué pour revenir à sa position initiale devant la voiture d'Hilda. Si elle avait accéléré, le camion l'aurait frappée! Elle a remercié Michael pour sa protection et était extrêmement soulagée d'avoir suivi ses conseils.

Les histoires d'Hilda et d'Earl illustrent la méthode utilisée par Michael pour nous protéger. Elle consiste à donner des conseils directs, d'une voix masculine désincarnée. Michael ne dit que le strict minimum, fournissant des messages brefs comme celui-ci : « Change immédiatement de voie ». Si vous entendez cette voix, suivez ses instructions.

Lorsque vous montez dans une voiture, il est important de demander la protection de Michael, comme l'a fait Hilda. N'oubliez pas que les archanges ne peuvent intervenir que si vous sollicitez leur secours.

Une autre femme, nommée Suzie O'Neill, a également eu la vie sauve en demandant la protection de Michael avant de conduire.

Suzie et sa fille se trouvaient sur une autoroute californienne, lorsqu'elle a remarqué une automobile qui dérapait sur le côté devant elles. Le temps a semblé se suspendre, tandis que Suzie observait le pare-chocs qui fonçait droit sur sa voiture sport. Puis, miraculeusement, l'autre voiture a cessé de déraper et la collision a été évitée de justesse.

La fille de Suzie, plutôt sceptique sur la question des anges et des miracles, s'est écriée : « As-tu vu ça ? » Mais Suzie savait ce qui venait de se produire, puisqu'elle avait demandé la protection de l'archange Michael juste avant de prendre la voiture cette journée-là. Lorsqu'elles se sont arrêtées et qu'un homme est venu les voir pour s'assurer qu'elles allaient bien — avant de disparaître sans laisser de traces — Suzie savait que c'était une autre façon pour Michael de veiller sur elles.

La fille de Suzie a probablement surmonté ses doutes sur les pouvoirs miraculeux et les moyens de protection des anges. Ceux et celles d'entre nous qui ont eu une expérience angélique passent d'une *croyance* mitigée à la *certitude* inébranlable qu'il fallait l'intervention de Michael pour sauver notre vie à ce moment-là.

Si vous oubliez de demander la protection de Michael avant de prendre votre véhicule (ou tout autre moyen de transport), vous pouvez invoquer son aide instantanément en cas d'urgence. J'admire les gens qui, comme Amanda Peart dans l'histoire suivante, ont la présence d'esprit de solliciter Michael dans une situation d'urgence, alors que la plupart auraient simplement hurlé ou blasphémé.

Lorsqu'une petite auto bleue a failli foncer sur la voiture d'Amanda, elle a été abasourdie. L'homme qui la conduisait a commencé à crier des injures à l'endroit d'Amanda, tout en continuant de faire mine de l'emboutir. Elle a rapidement compris que l'homme faisait un épisode de «rage au volant» et qu'elle risquait d'être impliquée dans un accident. «Le trafic était dense, et j'étais certaine qu'il allait me tuer», a-t-elle confié.

Dès qu'elle a réalisé le danger qui la guettait, Amanda a demandé la protection de l'archange Michael. Soudainement, semblant littéralement sortir de nulle part, une fourgonnette blanche est apparue à côté d'elle. Le véhicule s'est engagé devant Amanda et s'est glissé entre son auto et la voiture bleue. Il est resté là, empêchant ainsi l'autre voiture de rejoindre Amanda. Au bout d'un moment, la voiture bleue a quitté l'autoroute à quatre voies.La fourgonnette a accompagné Amanda jusqu'à ce qu'elle arrive près de chez elle.

Cette fourgonnette blanche était un ange, et j'ai lu des histoires semblables où un mystérieux véhicule (habituellement d'un blanc angélique) a surgi pour apporter de la protection, ou un éclat de lumière, dans des situations de conduite dangereuses. Plusieurs histoires sur l'archange Michael impliquent des véhicules, tels une ambulance ou un autobus, qui apparaissent miraculeusement à temps pour aider quelqu'un... puis disparaissent aussitôt après.

L'archange Michael peut vous protéger chaque fois que vous montez dans une voiture, un bateau, un avion ou un train. Tout ce que vous avez à faire est de le demander.

Protection des biens

Cher archange Michael, merci de protéger
ma demeure et tous mes biens afin que
je me sente à l'abri et en sûreté.

Les anges protègent nos biens pour aider à maintenir notre tranquillité d'esprit. Ils sont conscients du stress que génèrent les inquiétudes concernant nos objets personnels, c'est pourquoi ils sont heureux de veiller sur ces choses pour nous. Après tout, les anges sont des êtres illimités, c'est pourquoi la protection de nos biens ne les détourne aucunement d'autres missions vitales.

Puisque l'archange Michael est le protecteur en chef de chacun, il est logique qu'il participe dans la surveillance de nos biens. (Encore une fois, ce rôle ne le détourne pas d'autres questions plus urgentes, puisque Michael est omniprésent.) Voici un exemple :

Alors qu'elle voyageait dans l'autocar qui faisait la navette, Carmen Carignan s'est rendu compte avec effroi qu'elle avait oublié sa valise (contenant des cadeaux pour ses enfants) sur le trottoir bondé de l'aéroport. Elle a immédiatement demandé à l'archange

Michael d'entourer sa valise de sa lumière protectrice dorée. Lorsqu'elle est retournée à l'aérogare, sa valise se trouvait toujours là où Carmen l'avait laissée.

Carmen raconte : «Il y avait des gens qui passaient dans tous les sens, mais personne ne semblait remarquer ma valise! C'est comme si elle était enveloppée dans une cape invisible, et personne n'y a même touché! J'ai été extrêmement soulagée et reconnaissante envers l'archange Michael pour son aide protectrice.»

Protection spirituelle

Cher archange Michael, merci de m'entourer, ainsi que mes êtres chers et ma demeure, de ta lumière pourpre impérial pour dissiper et repousser toute énergie malsaine. S'il te plaît, guide-moi clairement afin de mettre sur ma route que des gens honnêtes et intègres.

L'archange Michael est *le* protecteur suprême qui nous défend contre tous les effets de la peur et des énergies nourries par la peur. Après tout, cette émotion négative est la force qui meut tout ce qui est désagréable dans le monde. Sans la peur, nous trouvons la paix.

Michael vous protégera des énergies inférieures si vous demandez sa protection. Tout comme le videur d'une boîte de nuit, il peut repousser loin de vous les expériences, les personnes ou les esprits mus par la peur. Il vous suffit de vous en tenir à ces quelques consignes : (1) vous devez demander son aide, comme je l'ai déjà souligné, et (2) vous devez écouter votre intuition qui vous prévient, tel un drapeau rouge, lorsque que vous êtes en présence d'une personne ou d'une situation véhiculant des énergies malsaines.

Si votre instinct vous avertit que quelque chose cloche dans une relation ou une situation, fiez-vous à lui. C'est la façon qu'utilise votre corps, votre Moi supérieur, l'archange Michael et Dieu pour vous avertir. Et lorsque cela se produit, vous pouvez demander à Michael de vous aider à sortir de cette situation. Je ne pourrais assez insister sur ce point.

Lorsque les parents me demandent comment aider leur enfant sensible à mieux dormir, je leur conseille de travailler avec l'archange Michael. C'est aussi une bonne idée d'inviter vos enfants à le solliciter chaque fois qu'ils ont besoin d'un supplément de courage ou de réconfort.

Lorsque la fille de cinq ans de Jill Gunther a éprouvé des difficultés à dormir, l'archange Michael est venu leur prêter secours. Jill savait qu'il y avait des énergies inférieures dans la chambre de sa fille parce qu'il y faisait toujours froid, et elle faisait des cauchemars chaque fois qu'elle dormait dans cette chambre avec son enfant. Il faut la féliciter d'avoir prêté l'oreille à ses impressions.

Même après le déménagement de la famille dans une nouvelle maison, la chambre de sa fille a continué d'être infestée par ces énergies. Jill a réalisé que sa fille hypersensible attirait ces esprits malfaisants.

Alors Jill s'est mise à la recherche d'un thérapeute angélique, qui a invoqué l'archange Michael pour couper les liens de la peur et purifier les énergies de cette demeure et de ses occupants. Jill a ressenti l'énergie de Michael et s'est immédiatement sentie apaisée. Il s'agissait de sa première expérience spirituelle.

Depuis ce temps, la fille de Jill dort bien et n'a plus peur d'aller au lit. La température de sa chambre est la même que dans le reste de la maison. Et la fille de Jill sait qu'elle peut invoquer l'archange Michael chaque fois qu'elle a besoin de sa puissance et de sa protection.

Les adultes ont également besoin de protection. Si quelqu'un est en colère contre vous, ou simplement jaloux de vous, il peut vous envoyer une énergie sous forme d'«attaque psychique». Habituellement, la personne qui attaque n'a aucune idée de la force que ses émotions noires engendrent. C'est comme si les gens expédiaient des boules de feu lorsqu'ils nourrissent une colère ou une jalousie intense contre quelqu'un.

Si vous ressentez soudainement des douleurs vives, cela pourrait être le signe que vous êtes victime d'une attaque psychique de la part d'un autre. Même nos êtres chers peuvent nous attaquer psychiquement à l'occasion. En fait, vous pourriez même vous attaquer *vous-même* avec des pensées haineuses.

L'archange Michael peut intercepter toutes les attaques psychiques qui viennent de l'extérieur, vous blinder contre de futures attaques et éliminer l'énergie et l'impact des assauts que vous pourriez avoir déjà subis.

Une femme nommée Gladys était harcelée par des énergies malfaisantes et subissait des attaques psychiques depuis son enfance. Son esprit se remplissait spontanément de pensées dérangeantes et envahissantes. Gladys a tout essayé pour se protéger, se blinder et se purifier, mais ce n'est qu'après avoir lu sur l'archange Michael et lui avoir demandé de rester continuellement avec elle que ses tourments ont cessé.

Elle m'a confié ceci : « Les attaques ont finalement cessé. L'archange Michael est un ami exceptionnel. Depuis qu'il est avec moi, je sens une élévation dans ma propre vibration. »

Protéger son emploi et sa réputation

Archange Michael, merci de protéger ma carrière et ma réputation des énergies inférieures. S'il te plaît, guide mes actions afin qu'elles reflètent la plus haute intégrité et mon véritable cheminement spirituel.

L'archange Michael nous protège de nombreuses façons, notamment en maintenant notre réputation et notre poste au travail, ainsi que l'a découvert Carol Clausen.

Alors qu'elle était assistante d'enseignement, travaillant pour obtenir son certificat, Carol a vécu un dilemme éthique : l'enseignante avec qui elle travaillait en classe a dû quitter pour aller s'occuper de son propre enfant. Cela laissait Carol en charge de la classe, ce qui était illégal dans cet État des États-Unis puisqu'elle n'avait pas de certificat d'enseignement. Elle craignait qu'être illégalement en charge d'une classe puisse ternir sa réputation et qu'elle ne puisse enseigner dans le futur.

Carol a alors demandé à l'archange Michael de protéger son emploi et sa réputation en faisant venir un professeur agréé. Aussitôt cette prière formulée, elle a entendu une voix dans son esprit qui disait : *« Va regarder le nom sur le dossier qui se trouve sur la chaise où tu as laissé ton manteau ! »* Carol a alors soulevé son manteau et découvert avec ravissement le nom qui était inscrit : « Archange Michael ».

Avec ce signe, Carol était certaine que sa prière avait été entendue et qu'elle serait exaucée. Si bien que peu après, le directeur de l'école conduisait un professeur agréé dans la salle de classe pour donner les cours de la journée.

Guidance dans la mission de vie

Archange Michael, quels changements aimerais-tu que j'apporte à ma vie en ce moment ? Merci de me guider clairement sur la voie de ma mission de vie

L'archange Michael a supervisé la mission divine sur Terre bien avant que l'humanité peuple la planète, et il veille affectueusement sur la mission divine de chaque humain. Michael est tel un gérant qui vous aide (ainsi que tous les autres) à découvrir le sens de votre vie. Il guide également vos prochains pas et vous aide à faire les changements de vie importants.

Michael guidera votre carrière basée sur la spiritualité si vous lui demandez de le faire. C'est ce qu'a demandé Melanie Orders. Melanie détestait son poste de chef cuisinière d'un aéroport, mais surtout de devoir commencer son travail tous les jours à 3 h. Thérapeute certifiée en massage, elle rêvait de faire du massage thérapeutique à plein temps. Mais elle n'avait entrepris aucune démarche concrète pour transformer ce rêve en réalité.

Puis, Melanie a appris que l'archange Michael pouvait guider sa carrière de guérisseuse. Alors, elle lui a demandé de l'aider à quitter son poste de cuisinière et à se trouver une clientèle pour ses massages. Cette prière a eu des résultats immédiats! Cette même journée, un collègue de travail du mari de Melanie lui a demandé s'il connaissait une spécialiste du massage thérapeutique. Et voilà, Melanie venait de trouver son premier client!

De la même façon, Melanie a commencé à se faire référer davantage de clientes et clients. Elle a consacré plus de temps à sa pratique et a pu réduire ses heures de travail à l'aéroport. En remerciant l'archange Michael, Melanie lui a demandé de l'aider à faire des massages à temps plein.

Peu après cette requête, une suite de synchronicités lui a permis de faire plus de massages. Son mari a également trouvé une magnifique clinique de massage à louer, Melanie a donc pu ouvrir un cabinet à temps plein et quitter son emploi à l'aéroport.

Melanie continue de travailler avec l'archange Michael pour purifier l'énergie de sa clinique et acquérir davantage de confiance en ses moyens afin d'offrir à sa clientèle des massages guidés par les anges. Tout ce qu'elle a demandé s'est réalisé grâce à l'archange Michael.

Vous pouvez obtenir des résultats semblables en collaborant avec Michael. Il suffit de demander son aide et sa guidance. Rappelez-vous toutefois que Melanie a obtenu des résultats immédiats parce qu'elle savait très exactement ce qu'elle voulait. Si vos prières semblent entravées ou lentes à se réaliser, la cause en est peut-être que vous n'êtes pas certain de ce qu'il faut demander. Ou vous changez peut-être trop souvent d'avis. Plus vous serez clair avec Michael et plus rapidement vos rêves se réaliseront.

S'il vous faut préciser votre carrière ou mission de vie, je vous recommande d'aller dans un endroit tranquille avec un crayon et un bloc de papier, et écrivez une question à Michael. Puis notez la réponse, qui peut être formulée comme une pensée, une sensation, des mots ou une vision. Couchez simplement ces impressions sur le papier, même si vous n'en comprenez pas la signification ou que vous pensez que vous les inventez (vous ne les inventez pas). Dans cette « entrevue » écrite avec l'archange Michael, vous recevrez une guidance détaillée pour votre carrière ou tout sujet abordé avec lui.

Vous pouvez également demander à Michael de vous conseiller pendant votre sommeil. Pensez simplement à la question qui vous préoccupe et demandez-lui de se manifester dans vos rêves. Demandez que cette guidance onirique soit claire, compréhensible et que vous puissiez vous en souvenir au réveil.

Réparer des objets essentiels

Archange Michael, merci de réparer cet objet afin que je puisse l'utiliser pour parfaire ma mission divine.

De nos jours, nous nous fions à nos ordinateurs et à d'autres outils mécaniques et électroniques. Si quelque chose fonctionne mal, cela peut interférer avec notre travail et causer un stress inutile. L'archange Michael possède un talent particulier pour remettre ces objets en marche, particulièrement s'ils servent notre mission de vie ou nous apportent une protection.

Par exemple, les phares de la voiture de Terrick Heckstall ne fonctionnaient pas depuis cinq mois, ce qui ne posait pas de problème particulier puisqu'il conduisait uniquement pour se rendre au travail lorsqu'il faisait jour. Une journée, cependant, Terrick a dû rester au travail jusqu'au crépuscule.

Terrick était inquiet de conduire dans le noir sans ses phares — jusqu'à ce qu'il remercie Dieu et l'archange Michael de le protéger. Aussitôt après, Terrick a entendu une voix forte et apaisante (sachant que c'était Michael) lui dire : « Ne crains rien, nous nous occupons de la lumière ». Un moment plus tard, les phares de Terrick se sont allumés et il est rentré chez lui sans encombre, illuminé par la lumière divine !

Plusieurs personnes m'ont raconté comment Michael est intervenu miraculeusement pour faire fonctionner leur automobile de façon sécuritaire. J'ai aussi entendu des histoires ou les anges ont fait caler des voitures pour éviter un accident. Michael sait ce qu'il fait quand il est question de nous protéger.

Elizabeth Pfeiffer roulait sur la voie de service avec son mari et son fils dans leur nouvelle camionnette à traction intégrale. Mais en reprenant la route, le mari d'Elizabeth n'a pu ramener la camionnette sur la traction à deux roues motrices. Il a essayé tous les boutons du tableau de bord, ils ont vérifié dans le guide du propriétaire, mais rien n'a fonctionné. Ils craignaient d'endommager la transmission s'ils restaient trop longtemps sur la traction intégrale.

Ils se trouvaient dans un secteur isolé où il n'y avait aucune station-service, alors Elizabeth a décidé de solliciter l'archange Michael qui est réputé pour régler ce genre de problèmes. Elizabeth a demandé silencieusement : *Archange Michael, peux-tu nous aider à changer le mode de traction de la camionnette ?*

La camionnette est aussitôt passée en traction à deux roues motrices ! Le mari d'Elizabeth a regardé le tableau de bord avec stupéfaction. Le véhicule était bel et bien sur la traction à deux roues motrices. Elizabeth a demandé à son mari s'il avait touché aux commandes : non, c'était revenu tout seul !

Ils ont roulé pendant un moment en parlant de la façon miraculeuse dont le mécanisme avait soudainement changé de traction, lorsque leur garçon leur a dit du siège arrière qu'il avait demandé à l'archange Michael de les aider. Elizabeth en a eu le souffle coupé. Elle a dit : « Moi aussi ! » et ils se sont mutuellement félicités de leur collaboration avec les anges.

L'archange Michael peut réparer tout appareil mécanique ou électronique. Il donne également des intuitions pratiques sur la façon de le réparer vous-même, vous guide vers le bon réparateur ou intervient et le répare lui-même. J'ai toujours confiance, car il sait ce qu'il fait et choisira la meilleure méthode pour nous soutenir et nous aider.

Par exemple, lorsque le bureau de Nicolas Davis a entrepris de mettre à jour les disques durs de leurs ordinateurs, lui et son collègue ont eu de la difficulté à ouvrir le boîtier d'un des ordinateurs. Il était vissé très serré avec de vieux fermoirs. Ils ont essayé de toutes les façons d'ouvrir le boîtier, mais il semblait soudé.

Finalement, Nicolas s'est rappelé avoir eu du succès en demandant à l'archange Michael de réparer du matériel électronique. Nicolas l'a invoqué silencieusement, puis il a si fortement ressenti l'énergie de Michael qu'elle a complètement envahi son corps. Il a entendu les mots : *Je suis là pour t'aider à réparer cet ordinateur.*

Nicolas a alors réussi à ouvrir le boîtier en seulement deux secondes! Il ne se rappelle même pas comment il y est arrivé. Il a réussi, c'est tout.

Son collègue l'a regardé avec étonnement avant de lui demander comment il avait réussi à ouvrir le boîtier. Nicolas a choisi de lui répondre franchement en lui avouant qu'il avait invoqué les anges et qu'ils l'avaient ouvert pour lui.

Au cours des années, j'ai reçu des histoires où Michael réparait de la plomberie, des serrures électroniques, des iPods et de nombreux autres appareils. Quel est le dénominateur commun à toutes ces histoires? Les personnes ont demandé l'aide de Michael!

Signes de l'archange Michael

Cher archange Michael, s'il te plaît, envoie-moi un signe clair que je remarquerai et comprendrai facilement, afin de me montrer que tu es là et que tu m'aides à trouver guidance et paix dans cette situation.

Chaque archange émet une aura ou champ d'énergie. Vous savez que cette énergie peut vibrer à différentes fréquences, créant une apparence de couleurs différentes. Eh bien, les énergies différentes de chaque archange produisent des halos de différentes couleurs.

L'aura de l'archange Michael est d'un pourpre impérial ou d'un bleu royal profond, mais aussi d'un doré lumineux. Certaines personnes, particulièrement sensibles visuellement, aperçoivent réellement des éclats ou des étincelles de ces couleurs avec leurs yeux physiques. C'est un signe que Michael est près de vous. Un autre signe est de vous sentir soudainement attiré par des objets aux couleurs pourpre impérial et bleu royal.

Une femme, nommée Nadine, a invoqué la protection de l'archange Michael un soir qu'elle se trouvait seule dans sa voiture dans un stationnement sombre, pendant que son mari était parti faire une commission. Après avoir demandé l'aide de Michael, elle a aperçu une grande ombre d'un bleu fluorescent qui se tenait près d'elle. La vision n'a duré que quelques secondes, mais cela a suffi à rassurer Nadine qui s'est sentie en sécurité, ce qui était le cas.

Parce que Michael porte une épée de lumière incandescente, qu'il utilise au service du Divin, il dégage une importante chaleur. Si vous sentez une chaleur intense, c'est un autre signe que Michael vous accompagne.

Michael n'est pas timide. S'il est présent, il vous le fait clairement savoir comme l'a découvert Amber Armstrong.

Lorsque des amies ont suggéré à Amber de regarder le film *Michael,* elle a accepté. Après tout, elle venait d'avoir une vision de Michael qui ressemblait à John Travolta. Mais elle n'avait encore jamais vu le film.

Donc, lorsqu'elle a contacté le vidéoclub le plus près de chez elle pour voir s'ils avaient le film, elle a été à peine surprise d'entendre l'employé lui répondre : «Ici Michael, comment puis-je vous aider?»

Michael, l'employé du vidéoclub, a trouvé une seule copie du film dans l'arrière-boutique, et non sur les tablettes. Amber s'est aussitôt rendue en voiture pour louer la copie. Elle se sent maintenant plus près que jamais de l'archange Michael.

Une histoire comme celle d'Amber nous montre le grand sens de l'humour de Michael.

Certains, sans le savoir, ont accueilli des anges...

La célèbre citation biblique de Paul nous avisant d'être aimables avec les étrangers, car «certains, sans le savoir, ont accueilli des anges», signifie que les anges prennent parfois une apparence humaine afin de nous aider.

Des centaines de personnes m'ont raconté avoir rencontré un mystérieux étranger avec des yeux inhabituels qui leur a dit les bons mots, les réconfortant, ou qui les a secourues d'une manière ou d'une autre. On le décrivait comme étant grand, parfois bien habillé et parfois misérablement vêtu. On lui a également prêté différentes races. Très souvent, il se présente sous le nom de «Michael». Cet étranger disparaît ensuite sans laisser de traces, et personne n'a jamais pu le retrouver.

Croyez-en l'expérience de Candace Pruitt-Heckstall. Cela faisait des mois que Candace n'avait pas pris le bus. Alors qu'elle attendait l'autobus à l'arrêt dans l'air glacial, elle se demandait s'il allait arriver ou si elle l'avait manqué. Elle s'inquiétait également de descendre au bon arrêt pour atteindre sa destination.

Pour s'alléger l'esprit, Candace a remercié silencieusement Dieu et l'archange Michael de faire arriver rapidement le bus. Un moment plus tard, un homme grand et agréable avec des yeux très inhabituels s'est arrêté pour parler à Candace. Elle s'est étonnée que ses yeux soient si lumineux et étincelants, alors que derrière elle se couchait le faible soleil d'hiver. Ses paroles et sa présence ont réconforté Candace, et les soucis de cette dernière se sont vite envolés.

Avant de monter dans l'autobus, Candace s'est présentée à l'homme, qui lui a alors dit se nommer Mike. Lorsqu'elle s'est retournée pour le saluer de la main, il avait disparu. Candace est certaine que l'archange Michael lui avait envoyé son homonyme pour l'apaiser. Depuis ce jour, elle ne ressent plus d'anxiété lorsqu'elle prend l'autobus.

Purification et protection

L'archange Michael est passé maître dans l'art d'utiliser les énergies terrestres pour notre protection et notre bénéfice. Cela est essentiel pour les personnes hypersensibles qui peuvent capter l'énergie de la colère ou de la compétitivité, par exemple, provenant d'autres gens ou dans les édifices. Les personnes extrêmement sensibles absorbent souvent l'énergie des autres comme une éponge ramassant l'eau de vaisselle souillée.

Si vous êtes extrêmement sensible, alors vous connaissez probablement des sautes d'humeur et d'énergie. À un moment donné, vous êtes plein d'énergie et souriez à la vie, puis à l'autre, vous ne pouvez même pas vous tirer du lit. La seule façon de stabiliser votre humeur et votre énergie est en travaillant sur votre champ d'énergie. Et Michael peut vous aider à le faire.

Chaque fois que vous vous sentez déprimé ou fatigué, c'est un signe que vous avez absorbé les énergies fondées sur la peur provenant d'autres personnes. C'est le moment de dire silencieusement ou à voix haute : «Archange Michael, s'il te plaît, purifie-moi à l'intérieur comme à l'extérieur». Vous pourriez ressentir des picotements, des frissons ou des tressautements tandis que les énergies inférieures sont évacuées suivant cette requête.

Une fois votre corps revenu au calme, il est temps de dire : «Archange Michael, merci de me protéger», à titre de mesure préventive. Il vous entourera d'un cocon de lumière avec son aura bleu-pourpre royal. Demandez toujours à Michael de vous entourer d'un écran de protection avant d'affronter une situation difficile.

L'archange Michael est très palpable et présent dans la vie de tous les jours. En travaillant avec lui, vous découvrirez qu'il est un mentor, un partenaire et un être sacré extrêmement fiable et digne de confiance. Dans le chapitre suivant, nous entrerons en communication avec le guérisseur du royaume angélique : l'archange Raphaël.

Chapitre 2

RAPHAËL

*Cher archange Raphaël, merci de nous
transmettre, à moi et mes êtres chers,
ta lumière de guérison du pur amour divin.*

Raphaël est aussi connu sous le nom de : Azarias,
Israfel ou Labbiel

Le nom Raphaël signifie : « Dieu guérit »

Raphaël est considéré depuis longtemps comme
l'ange de la guérison. Son nom pourrait être dérivé
du mot hébreu *Rophe* qui signifie « médecin », ou
Rapach qui signifie « Dieu guérit l'âme ».

Comme je l'expliquais dans mon livre *Les guérisons miraculeuses de l'archange Raphaël,* même si on ne
le mentionne pas dans la Bible, les théologiens considèrent qu'il est l'archange qui guérissait les infirmes
au bassin de Bethzatha décrit dans les Évangiles. On
considère également qu'il est l'un des trois anges qui

ont rendu visite au patriarche Abraham et à sa femme Sarah pour les aider à concevoir. Il serait également l'ange qui a guéri le petit-fils d'Abraham, Jacob, des blessures consécutives à son combat et celui qui a donné à Salomon son anneau magique.

Dans le catholicisme, il est saint Raphaël, le patron des médecins, des voyageurs et des marieurs. Raphaël est nommé dans le livre de Tobie. Ce texte, parfois appelé livre de Tobias, a été perdu puis redécouvert comme un manuscrit de la mer Morte à Qumrân, le temple des anciens Esséniens, en 1952.

Le livre raconte l'histoire de Tobit, un Juif dévoué et serviable qui était si désespéré en devenant aveugle qu'il a demandé à Dieu de le laisser mourir. Le soir même de la prière de Tobit, une femme nommée Sarah a également imploré Dieu de la laisser mourir, en raison du deuil douloureux de ses sept maris, qui sont morts chacun lors de leur nuit de noces.

Dieu a ainsi répondu aux prières de Tobit et Sarah en leur envoyant Raphaël sous une forme humaine. Raphaël ne s'est pas présenté comme un ange, mais il a offert de protéger et guider Tobie, le fils de Tobit, pendant son voyage pour récupérer de l'argent qui lui était dû.

Raphaël a conduit Tobie vers Sarah, si bien que les deux sont tombés en amour et se sont mariés. En utilisant du poisson comme ingrédient thérapeutique, Raphaël a ainsi réussi à aider Tobie à chasser les démons qui avaient tué les maris précédents de Sarah. Il a également utilisé un onguent fait à partir de fiel de poisson pour aider Tobie à guérir la cécité de son père. Tandis que Tobit, Tobie et Sarah profitaient de leur nouvelle vie, Raphaël a récupéré l'argent de Tobie. Une fois son travail accompli, l'archange a révélé sa véritable identité et est retourné dans le royaume angélique.

Son nom apparaît également dans un autre manuscrit de la mer Morte, le livre d'Hénoch, où son rôle sur Terre est décrit ainsi : «Un des saints anges qui préside aux esprits des hommes». Dans ce livre, le Seigneur confie à Raphaël la mission de guérir la Terre du désordre causé par certains des anges déchus et des géants, ligoter et chasser un démon, aider tous les enfants, et sauver le monde de la corruption. L'archange Raphaël se concentre toujours sur cette mission aujourd'hui.

Dans les écritures coraniques, Raphaël est connu sous le nom d'Israfel, l'archange qui doit souffler deux fois dans un grand cor pour signaler le jour du Jugement. La légende soutient que le nom originel de Raphaël est Labbiel. Lorsque Labbiel s'est rallié à Dieu sur la question de la création ou non des humains, le Seigneur a récompensé l'ange en changeant son nom pour Raphaël.

Raphaël, le guérisseur angélique

L'archange apporte une lumière de guérison divine sur Terre. Il m'a déjà dit, au cours d'une méditation, que plutôt que *soigner,* son rôle consiste à *révéler* le vrai corps que Dieu a créé pour chacun de nous. Pour Raphaël, chacun est déjà sain de corps dans la vérité spirituelle.

Guérisons immédiates

Merci, archange Raphaël, de me guérir complètement dès maintenant.

Lorsque vous demandez à Raphaël de guérir une maladie, la cure se manifeste habituellement instantanément. L'archange n'attendait que vous lui donniez la permission pour effectuer son travail de guérison.

Par exemple, Keiko Tanaka et son mari vivent dans une très petite ville canadienne, alors lorsque vient le temps d'aller à la banque ou faire des courses, ils se rendent toujours à la grande ville la plus près. Au début d'une de ces journées où ils s'apprêtaient à sortir, Keiko a commencé à se sentir très mal et elle a immédiatement invoqué l'aide de l'archange Raphaël. Les yeux ouverts, Keiko a aperçu une forme ovale lumineuse de couleur émeraude, de la taille d'un enfant environ. Sitôt après, son mal avait disparu! Son mari et elle ont donc pu profiter du reste de leur journée occupée et Keiko a remercié Raphaël avec effusion.

La lumière émeraude que Keiko a vue est la couleur de l'aura de l'archange Raphaël. Son énergie produit des étincelles ou des éclairs de couleur vert vif — ce qui, étonnement, est la même couleur que les mystiques orientaux associent au chakra du cœur. Ainsi, le vert émeraude signifie que Raphaël vous transmet l'énergie pure de l'amour divin.

Parfois, les gens ressentent une énergie qui vibre doucement pendant que Raphaël les soigne, ou ils peuvent apercevoir des lumières vertes, comme ça été le cas pour Keiko. Mais pour d'autres, comme pour Elizabeth Macarthur, la guérison de Raphaël est très subtile.

Quand Elizabeth a demandé à son médecin pourquoi elle était toujours fatiguée, il lui a diagnostiqué une apnée du sommeil et lui a conseillé de dormir avec un masque à oxygène. Il lui a fallu un certain temps pour s'habituer à dormir avec le masque, mais elle n'a jamais pu se résoudre à transporter la machine lorsqu'elle voyageait. Après quatre années d'utilisation, Elizabeth n'en pouvait plus du bruit que produisait le masque et du fait qu'il tombait lorsqu'elle était endormie.

C'est vers cette période qu'Elizabeth a découvert que l'archange Raphaël pouvait l'aider à guérir son affection, alors elle a demandé son aide. Peu de temps après, la machine a commencé à se détraquer, mais le niveau d'énergie d'Elizabeth était suffisant même si elle ne dormait pas avec le masque. Elle a compris que Raphaël l'avait guérie et qu'elle n'avait plus besoin de la machine.

Je crois qu'Elizabeth a été guérie durant son sommeil, ce qui est le cas pour de nombreuses personnes qui reçoivent pareille aide de Raphaël. La raison en est que pendant que vous dormez, vous êtes plus ouvert à l'amour intense que transmet Raphaël.

La thérapeute angélique Amy McRae a été récompensée en sollicitant Raphaël pour la guérir dans son sommeil. Elle a découvert cette méthode un jour qu'elle se sentait instable et faible et qu'il n'y avait personne de disponible parmi sa famille ou ses amis pour l'aider. Alors, Amy a fait une sieste et décidé de demander à Raphaël de lui faire une séance complète de guérison pendant qu'elle dormirait. Amy a dormi profondément et s'est réveillée en forme et pleine d'énergie.

Consultation chez un professionnel de la santé

*Cher archange Raphaël, merci de me guider
vers le meilleur professionnel de la santé
pour soigner mon affection, et aide-moi à
obtenir un rendez-vous tout de suite.*

S'il est fréquent d'obtenir une guérison immédiate de la part de Raphaël, il peut aussi parfois guider les gens pour recevoir un traitement d'un médecin ou d'autres professionnels de la santé. Dans *Les guérisons miraculeuses de l'archange Raphaël*, il y a l'histoire d'un homme qui — après avoir demandé l'aide de Raphaël pour ses problèmes de santé — a été conduit à un médecin nommé Dr Raphaël !

J'ai reçu des témoignages où Raphaël crée des syn-chronicités qui aident les gens à trouver le meilleur soignant pour leur maladie. Et comme le montre l'histoire qui suit, provenant de Thérèse Zibara Slan, Raphaël s'assure également que vous rencontriez ce guérisseur au moment opportun.

Thérèse a toujours cru aux anges, mais il a fallu un problème de santé majeur pour qu'elle sache vraiment à quel point les anges nous aiment et nous soutiennent.

Au cours de l'été 1999, elle était trop occupée à terminer des rapports au travail pour prendre soin de sa santé, même si des symptômes inquiétants commençaient à se manifester. Finalement, son patron et ses collègues l'ont pressée de voir un médecin, qui lui a fait passer des examens. Lorsqu'il a eu les résultats, le médecin a appelé Thérèse pour lui dire qu'elle devait être hospitalisée sans délai, puisque son état pouvait être mortel.

Il y avait neuf patients devant Thérèse dans la salle d'urgence, alors elle s'est assise pour attendre patiemment, même si elle perdait graduellement conscience. Mais elle n'avait pas à s'inquiéter, puisqu'elle avait eu une vision claire de l'archange Raphaël soignant personnellement toutes les personnes qui se trouvaient dans la salle d'attente. Un par un, les neufs patients qui la devançaient ont quitté la salle avant que le médecin ne puisse les voir — en raison des soins experts de Raphaël !

Lorsque Thérèse a été admise, elle s'est évanouie et a immédiatement aperçu une lumière blanche éblouissante et son grand-père disparu, qui lui a annoncé que son heure n'était pas venue. Les médecins et les infirmières de garde ont pu la réanimer grâce à Raphaël qui avait accéléré le processus d'admission de l'hôpital.

Soulagement de la douleur

Merci, archange Raphaël, de m'aider à me sentir bien et à l'aise dans mon corps.

Raphaël peut vous aider à réduire ou éliminer la douleur qui provient d'affections aiguës ou chroniques. Encore une fois, vous devez demander son aide pour obtenir ce résultat. De cette façon, vous lui donnez la permission d'intervenir.

J'ai reçu de nombreuses histoires de gens qui demandaient à Raphaël de les accompagner chez le dentiste, toujours avec d'éclatants résultats. Par exemple, récemment, Kim Hutchinson a failli annuler un rendez-vous chez le dentiste, parce que les derniers avaient été éprouvants sur le plan émotionnel et physique. Non seulement les nettoyages avaient-ils été douloureux pour ses gencives sensibles, mais les hygiénistes l'avaient également blessée en lui demandant sans arrêt si elle passait régulièrement la soie dentaire (ce qui était le cas), parce que ses gencives étaient en mauvais état.

À l'approche de son prochain rendez-vous, Kim s'est sentie anxieuse et malade. Mais plutôt que d'annuler le rendez-vous, elle a invoqué l'aide de l'archange Raphaël. Kim lui a demandé un nettoyage sans douleur, une hygiéniste sympathique, et plus que tout, des gencives et des dents en santé. Kim sentait que ses désirs étaient utopiques, mais elle s'est dit : *Qu'ai-je à perdre ?*

Le jour du rendez-vous venu, Kim s'est mise en route avec appréhension. Elle a continué de prier Raphaël silencieusement afin qu'il l'aide à son rendez-vous, et elle pouvait sentir sa présence et voir son énergie verte près d'elle. Puis, une hygiéniste que Kim n'avait jamais rencontrée est entrée dans la salle d'attente, et Kim a pensé : *Elle a l'air si aimable... s'il te plaît, Raphaël, fais que ce soit mon hygiéniste.* Effectivement, l'hygiéniste a appelé Kim. Elle avait une voix douce et des manières calmes et relaxantes qui ont rassuré Kim.

Ce n'est que lorsque la femme a entamé le nettoyage des dents de Kim que cette dernière a senti son anxiété revenir. Elle se préparait à subir la douleur, mais il n'y en a eu aucune ! Au bout d'un moment, elle s'est permise de relaxer. Après avoir poli ses dents et passé la soie dentaire, l'hygiéniste a demandé à Kim de décrire ses habitudes d'hygiène dentaire. Certaine que l'hygiéniste allait douter de sa franchise,

Kim s'est de nouveau sentie tendue. Mais au lieu de cela, l'hygiéniste l'a complimentée sur sa façon de se brosser les dents et de passer la soie dentaire. Elle a dit que les gencives de Kim lui semblaient en bien meilleure santé que ce qu'indiquait son dossier.

Kim était ravie! Pour la première fois en quatre ans, elle obtenait la «note de passage» chez le dentiste. Kim sentait la présence des anges, et les entendait murmurer que l'hygiéniste était un ange terrestre. Kim a senti à ce moment que ses problèmes dentaires venaient de prendre fin! L'archange Raphaël avait guéri ses gencives et soulagé sa phobie du dentiste.

De l'aide pour les voyages

Archange Raphaël, merci de m'accompagner, ainsi que mes compagnons de voyage, en nous aidant, nous et nos effets personnels, à nous rendre à bon port.

Depuis l'époque de son voyage avec Tobie, Raphaël est considéré comme le patron des voyageurs. Aux gens qui voyagent souvent, je confirme que les talents de Raphaël permettent un voyage sans incident.

Les témoignages que j'ai reçus, ainsi que mes expériences personnelles, montrent que vous pouvez demander l'aide de Raphaël pour adoucir les turbulences en avion, obtenir la collaboration des compagnies aériennes et des réceptionnistes d'hôtel, et récupérer vos bagages rapidement à l'atterrissage.

Raphaël conjugue également ces talents pour la guérison et les voyages en vous assurant d'être en bonne santé avant et pendant vos vacances. Par exemple, Billie Quantrell et son mari, Chad, s'apprêtaient à prendre des vacances lorsqu'il a attrapé une mauvaise grippe. Alors, Billie a invoqué l'aide de l'archange Raphaël. Elle a prié : *Quelle que soit la leçon à tirer, fais qu'elle soit apprise rapidement, parce que cette maladie pénalise Chad.* Elle a alors visualisé l'énergie vert émeraude de Raphaël qui entrait dans le corps de son mari par le chakra couronne, au sommet de sa tête. Chad a rapidement récupéré et ils ont pu jouir de leurs vacances.

Raphaël est un médecin sans frontières qui répond aux appels de partout dans le monde.

Donner de l'espoir et du réconfort

Quelle que soit la raison, certains problèmes de santé persistent. Que vous appeliez cela karma, choix de l'âme ou destinée, il semble que certaines personnes ne reçoivent pas une guérison complète lorsqu'elles la demandent. Dans ces situations, Raphaël travaille pour apporter du soulagement aux personnes; il diminue la douleur et revigore l'âme.

Par exemple, pendant les 20 années au cours desquelles Sarah McKechnie a souffert d'une maladie auto-immune potentiellement mortelle, elle a imploré l'aide de Raphaël en luttant contre une douleur fulgurante et la peur de mourir.

La présence de Raphaël a apporté de l'espoir à Sarah en cette période sombre. Elle m'a confié : « Cette maladie m'a appris que l'aide des anges est bien tangible, parce qu'en ces temps de grande souffrance — où la seule chose que je pouvais faire était de me jeter dans les bras des anges — ils étaient toujours là pour me rattraper. » Sarah est reconnaissante de l'aide que Raphaël lui a apportée. Bien que sa maladie persiste, elle a réussi à trouver la paix, ce qui est le plus grand des cadeaux.

Guérison des animaux de compagnie

En plus de guérir et de réconforter les gens, l'archange Raphaël donne également des soins aux animaux. Il guérit les blessures et les maladies chez toutes les espèces de créatures. J'ai découvert que les animaux répondent très rapidement au travail de guérison de Raphaël. Ils s'abreuvent à l'énergie de l'archange comme à une source thérapeutique et recouvrent ainsi rapidement leur santé.

Debbie a été dévastée lorsque son chien adoré Kiko, un mélange d'Akita et de chien berger, s'est déchiré un ligament à la patte. Tandis qu'elle attendait que le bureau du vétérinaire ouvre, elle s'est assise avec son chien, implorant l'aide de Dieu et de l'archange Raphaël.

Instinctivement, Debbie a placé sa main quelques centimètres au-dessus de la patte blessée de Kiko. Debbie a confié qu'elle avait supplié Raphaël de l'aider : « Avec mes yeux physiques, j'ai vu comme un éclair miniature vert jaillir de ma paume pour toucher la patte de Kiko ». Elle a remercié Raphaël avec ferveur pour cette confirmation de sa présence et a continué de diriger l'énergie thérapeutique vers son chien. (Vous vous rappelez que la couleur de l'aura de Raphaël est verte, et lorsque les gens voient cette lumière verte, c'est un signe de sa présence guérisseuse.)

Puis, Debbie et Kiko se sont endormis. Lorsqu'ils se sont réveillés, une heure plus tard, Debbie tremblait d'émotion en découvrant une plume d'un blanc immaculé, mesurant environ 20 cm, posée sur la patte de Kiko !

La seule explication était que Raphaël avait laissé un signe physique pour dire que Kiko irait bien. Et c'était le cas : non seulement sa patte a guéri, mais il a vécu jusqu'à l'âge vénérable de 15 ans, ce qui est plutôt rare pour un grand chien. Debbie en donne tout le mérite à Dieu et à l'archange Raphaël.

Raphaël assure également la sécurité de nos animaux de compagnie en veillant sur eux lorsque nous sommes absents ou lorsqu'ils sont à l'extérieur. Vous pouvez demander à Raphaël de protéger vos animaux bien-aimés. Vous pouvez également lui demander de ramener les animaux rebelles à la maison. Raphaël est très doué pour retrouver les chiens, les chats et autres animaux perdus.

Par exemple, Ann McWilliam possède quatre chats qui adorent traîner à l'extérieur toute la journée, alors elle invoque l'archange Raphaël pour les garder dans le secteur et pour les ramener à la maison. Les chats adorent être libres dans la nature, mais ils aiment aussi revenir dans la maison. Si les chats d'Ann sont hors de vue, elle demande l'aide de Raphaël, et ses chats apparaissent et courent avec empressement pour rentrer.

Guider les guérisseurs

*Merci, archange Raphaël, de guider
ma carrière de guérisseur et de m'aider à
dispenser des bienfaits à ceux que je rencontre.*

En tant que saint patron des médecins, Raphaël aide aussi bien les guérisseurs de la médecine traditionnelle qu'alternative. Si vous êtes attiré par l'une de ces professions, vous pouvez demander à Raphaël de vous aider à choisir la spécialité dans le domaine de la santé qui vous apportera le plus de joie et où vous excellerez le mieux. Soyez attentif aux livres qui tomberaient mystérieusement d'une étagère près de vous, puisque c'est habituellement un signe de Raphaël.

À votre demande, l'archange peut également vous aider à choisir une école et à trouver le temps et l'argent pour votre formation dans le domaine de la santé. Après votre diplôme, il aidera à vous établir dans votre profession ou à trouver les débouchés dans votre domaine. Raphaël peut également vous aider à attirer une agréable clientèle.

Lorsque vous effectuerez votre travail thérapeutique, sollicitez Raphaël pour qu'il inspire vos paroles et vos gestes. Vous recevrez des intuitions, visions et sensations — ce qui est en réalité la sagesse divine de guérison, transmise par l'archange.

Invoquer Raphaël au nom d'une autre personne

Cher archange Raphaël, merci de prendre soin de [nom de la personne], *afin de l'aider à retrouver force, joie et santé. S'il te plaît, montre-moi également comment je peux me rendre utile.*

Vous pouvez demander l'aide de l'archange Raphaël pour guérir une autre personne. Il ne violera toutefois pas le libre arbitre de l'autre personne. Ainsi, si cette dernière ne souhaite pas être soignée pour une raison ou une autre, Raphaël ne peut s'opposer à cette décision. Toutefois, il peut rester près de la personne parce que vous l'avez demandé, ce qui aura des effets bénéfiques.

L'archange Raphaël fait souvent équipe avec l'archange Michael pour dissiper la peur et le stress, qui sont des facteurs majeurs affectant la santé. Plus vous travaillerez avec ces archanges, plus vous apprendrez à leur faire confiance. Dans notre prochain chapitre, nous travaillerons avec un autre archange bien connu : Gabriel.

Chapitre 3

GABRIEL

Cher archange Gabriel, merci de me transmettre des messages clairs sur [question du moment], de me guider et de m'aider à devenir un messager éclairant pour les autres, comme tu le fais si bien.

Gabriel est aussi connu sous le nom de : saint Gabriel, Jibril ou Jiburili

Le nom Gabriel signifie : « La force de Dieu »

Gabriel est l'un des deux archanges à être spécifiquement mentionnés dans la Bible (l'autre étant Michael). Dans le livre de Daniel, de l'Ancien Testament, Gabriel apparaît à Daniel pour l'aider à déchiffrer ses visions du futur. Dans le Nouveau Testament, Gabriel apparaît dans l'Évangile selon Luc, dans la célèbre scène de l'Annonciation, où l'archange annonce les naissances prochaines de Jean le Baptiste et de Jésus Christ.

Lorsque l'archange a parlé à Zacharie de son futur fils, Jean le Baptiste, l'homme a été étonné, car il pensait que lui et sa femme Elizabeth étaient trop vieux pour avoir des enfants. L'ange l'a rassuré avec les paroles suivantes : « Je suis Gabriel qui me tiens devant Dieu. J'ai été envoyé pour te parler et pour t'annoncer cette bonne nouvelle. » Peu de temps après, Gabriel a visité Marie et lui a dit : « Sois sans crainte, Marie, car tu as trouvé grâce auprès de Dieu », puis il lui a décrit son futur fils, Jésus Christ.

Gabriel apparaît également dans le livre apocryphe d'Hénoch, où il joue le rôle de messager entre l'humanité et Dieu.

Dans la foi islamique, Gabriel a révélé les écritures du Coran au prophète Mahomet.

Ces écritures soulignent le rôle de Gabriel, celui de messager suprême de Dieu, ce qui explique pourquoi il est le saint patron des employés du domaine des communications.

À travers les âges, les artistes ont représenté l'ange de l'Annonciation avec des traits féminins, traits que l'on retrouve également dans d'autres images de Gabriel : de longs cheveux, une toge ample et — si vous regardez de près les peintures de la Renaissance — un visage féminin. Cela s'explique peut-être par la convergence du rôle de Gabriel dans les situations féminines divines de la grossesse, de la naissance et de la communication.

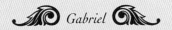

Bien sûr, les anges n'ont pas d'identification fondée sur le sexe, puisqu'ils ne possèdent pas de corps physique. Cependant, leur énergie affiche un caractère masculin ou féminin distinct, selon leurs spécialités. L'exemple parfait étant celui de l'archange Michael qui affiche traditionnellement une puissance masculine musclée. Gabriel, en contraste, dégage une force discrète, protectrice, féminine.

Prendre soin de nos enfants

Archange Gabriel, merci de m'aider à élever mes enfants bien-aimés. S'il te plaît, veille sur moi et mes petits, en nous gardant en santé et heureux.

Gabriel et Marie, la mère de Jésus, collaborent étroitement pour voir aux besoins des enfants sensibles. Ils guident la conception, l'adoption, les grossesses, les naissances et l'éducation des enfants.

Par exemple, Diane Fordham a découvert que l'archange Gabriel était d'un grand secours pour l'aider à élever sa fille de deux ans. Lorsque la petite est bruyante et que Diane perd patience, elle appelle immédiatement l'archange Gabriel. Aussitôt, elle retrouve le calme nécessaire qui influence ensuite positivement son enfant. Très rapidement, mère et fille retrouvent le sourire et la paix.

Récemment, la fille de Diane était maussade et fatiguée, mais elle ne voulait pas aller au lit. Alors,

Diane a imploré Gabriel : «Ma fille doit dormir et moi aussi. Je t'en prie, aide-nous». Elle a alors pris quelques inspirations profondes, et sans y penser elle s'est mise à fredonner une berceuse qu'elle n'avait pas chantée depuis que sa fille était toute petite. La berceuse a immédiatement calmé l'enfant, et les deux ont fermé les yeux et se sont endormies.

Mission de vie impliquant les enfants

Cher archange Gabriel, s'il te plaît, guide-moi vers une carrière enrichissante qui m'offrira tout le soutien nécessaire pour venir en aide aux enfants du monde.

Parce que Gabriel se sent très concerné par le bien-être des enfants, l'archange guide les adultes attentionnés et responsables qui veulent aider les jeunes. Si un quelconque travail auprès des enfants vous interpelle, demandez l'aide de Gabriel.

Messages clairs

Je te remercie, archange Gabriel, de m'offrir une guidance claire comme le cristal concernant [décrire le sujet].

Gabriel est habituellement représenté avec une grande trompette de cuivre, qui symbolise les messages retentissants de Dieu. Si vous avez besoin d'un

message avec des détails précis, invoquez l'archange Gabriel.

En tant que thérapeute angélique, Hilda Blair (qui a été protégée par l'archange Michael alors qu'elle conduisait, histoire racontée au chapitre 1), sait quel archange solliciter pour des besoins précis. Alors, lorsqu'elle souhaite obtenir des messages clairs, elle n'invoque nul autre que l'ange messager, Gabriel.

C'est ce qu'a fait Hilda un jour qu'elle se sentait prête à rencontrer quelqu'un après une rupture. Dans ses pensées et ses intuitions, elle a reçu la guidance de Gabriel qui lui suggérait d'aller au centre commercial pour rencontrer quelqu'un. À la blague, Hilda a répondu à voix haute à Gabriel : « Quoi ? Je vais marcher d'un bout à l'autre, puis un type va me taper sur l'épaule pour me demander où se trouve le magasin Sears ? » Hilda a ri à cette pensée, mais a quand même décidé d'aller au centre commercial.

Alors qu'Hilda marchait au milieu du centre commercial, un grand homme de belle allure a tapé sur son épaule et lui a demandé : « Pouvez-vous me dire où se trouve le magasin Sears ? » Hilda était si renversée que sa conversation avec Gabriel se soit réalisée avec une telle exactitude, qu'elle n'a réussi qu'à sourire et à pointer le magasin du doigt.

Hilda a compris que Gabriel avait répondu très clairement à sa question, à savoir où rencontrer un homme. Malheureusement, le temps qu'elle se remette de sa surprise, il était trop tard pour retrouver

ce monsieur. Cependant, cette expérience l'a aidée à comprendre que l'archange lui *transmettait* clairement des messages et qu'il continuerait de le faire dans chaque domaine de sa vie. L'histoire d'Hilda montre également le sens de l'humour de Gabriel et son étonnante créativité.

Aider les autres messagers

Archange Gabriel, merci de guider, conseiller et soutenir ma carrière en tant que messager de [donnez les détails précis] *et de m'aider à propager la lumière et l'amour divins aux autres grâce à cette mission.*

Gabriel aide les messagers terrestres, tels les enseignants, les conseillers, les écrivains, les artistes et les acteurs. L'archange agit comme un agent et un gérant céleste qui vous inspire à perfectionner vos talents. Puis, Gabriel vous ouvre les portes de la carrière de votre choix, pour que vous puissiez y travailler, et vous pousse gentiment si vous hésitez.

Avant que les gens demandent l'aide de Gabriel pour un emploi, j'explique toujours que cet archange les poussera et motivera dans leur vocation de messager, toujours avec de merveilleuses récompenses. Je me souviens d'une femme qui a demandé à l'archange de l'aider à finir l'écriture de son livre. Alors, Gabriel s'est assuré que cette femme reste éveillée plusieurs jours et nuits jusqu'à ce qu'il soit fini !

De la même manière, Gabriel a inspiré Barbara Hewitt à écrire. Tandis que Barbara sortait de la douche un matin, elle a entendu une voix lui suggérer sept titres de livres. Elle a aussitôt compris qu'il s'agissait de livres pour enfants qu'elle était destinée à écrire. Chaque jour, Barbara s'est assise avec un grand bloc de papier en demandant à l'archange Gabriel de l'aider à les écrire… et Barbara a écrit les sept livres. Elle donne tout le crédit à la guidance de Gabriel, qui lui a permis de les terminer. Elle affirme que chaque livre émane de l'amour divin.

Que votre tâche de messager passe par l'écriture ou les paroles, l'archange Gabriel peut vous guider. Par exemple, Kristy M. Ayala, une thérapeute angélique qui détient une maîtrise, était membre du corps enseignant dans une université californienne. Elle adorait donner des cours en psychologie à ses étudiants. Cependant, elle souhaitait incorporer une dimension spirituelle dans sa carrière. Kristy a suivi une formation pour devenir conseillère spirituelle, puis a quitté son emploi pour offrir des consultations privées. Même si elle adorait ce travail, l'enseignement lui manquait toujours.

Alors, Kristy a demandé à l'archange Gabriel, celui qui aide les enseignants et les messagers, de la guider. Lors de méditations et de prières, elle a reçu le message clair qu'elle pouvait combiner la spiritualité *et* l'enseignement. Kristy a donc demandé à Gabriel de l'aider à trouver les débouchés et les étudiants,

ce qui lui permettrait d'enseigner à nouveau — mais désormais sur des sujets touchant la spiritualité. Kristy a entendu le message qu'elle devait garder confiance ; si elle le faisait, les bonnes portes s'ouvriraient pour elle.

Kristy s'en est remise entièrement à Dieu et à l'archange Gabriel, même si elle ne voyait aucune piste pour continuer et enseigner la spiritualité. Et comme elle l'avait entendu en méditant, petit à petit, les portes se sont ouvertes pour Kristy.

Elle se souvient : « Des gens ont commencé à me demander si j'aimerais donner des cours sur les archanges. J'étais si heureuse, et très surprise puisque je connaissais ces gens depuis un certain temps et qu'ils ne m'avaient jamais demandé d'enseigner des choses semblables. » Alors, Kristy a accepté, et son atelier sur les anges a été un franc succès ! Après cela, elle a reçu d'autres invitations pour parler des anges dans des écoles et des centres de soins.

Kristy parle à Gabriel en tout temps, et l'ange lui a appris qu'elle pouvait retrouver toutes les composantes qu'elle aime dans son travail, et qu'elle n'a pas besoin d'abandonner un aspect au profit d'un autre. Grâce à Gabriel, Kristy mène une carrière enrichissante en faisant ce qu'elle aime.

Gabriel sait également que les médias sont un bon canal pour transmettre des messages d'amour. C'est pourquoi l'archange sera heureux de vous aider à les communiquer à la télévision, dans les

journaux, les magazines, les livres, à la radio ou sur Internet.

Par exemple, Karen Forrest devait passer en direct à la télé pour faire la promotion de son livre. Elle était de nature nerveuse et souhaitait bien s'exprimer. Alors, elle a silencieusement invoqué Gabriel en lui demandant : *Archange Gabriel, s'il te plaît, libère-moi de mon anxiété et de ma nervosité causées par cette entrevue en direct. Exprime-toi à travers moi durant l'entrevue afin que je n'aie pas à y penser ou à m'inquiéter de ce que je vais dire. Reste près de moi, archange Gabriel, à chaque moment et joue le rôle de mon agent de presse. Merci, archange Gabriel.*

Après avoir exprimé ces mots en pensée, Karen s'est sentie entourée d'une aura de paix et a eu la sensation physique d'une aile d'ange touchant son épaule. L'inquiétude et la nervosité se sont aussitôt dissipées! Karen savait au fond de son cœur que l'archange Gabriel serait près d'elle durant son émission.

Après l'entrevue, l'animatrice a mentionné qu'elle avait interviewé de nombreuses personnes et qu'elle était impressionnée de voir combien Karen était à l'aise en direct et à quel point leur conversation s'était déroulée facilement.

Signes de Gabriel

Comme il a déjà été mentionné, chaque archange a une mission précise. Cela signifie que l'énergie

de chacun vibre de façon différente. Et puisque les différentes couleurs vibrent à des fréquences différentes, cela signifie que la couleur de l'aura de chaque archange est différente.

Le halo de Gabriel est de couleur cuivre, comme sa trompette symbolique. Si vous apercevez des éclairs ou des étincelles de lumière cuivrée, ou si vous vous sentez soudainement attiré par ce métal, c'est un signe que vous travaillez avec l'archange Gabriel.

Une infirmière en obstétrique nommée Carmen Carignan — qui aide aux accouchements dans l'eau au New Hampshire (et qui a été mentionnée au chapitre 1 quand l'archange Michael a protégé son bagage à l'aéroport) — a vu les « signes » de couleur cuivre après avoir demandé l'aide de Gabriel.

Lorsque Carmen a voulu ouvrir une clinique de soins, elle a demandé la guidance de Gabriel. Elle savait qu'en tant qu'archange de la communication, Gabriel annonce souvent ce qui se pointe à l'horizon et qu'il agit comme un agent ou un gérant pour orchestrer de nouveaux débouchés en rapport avec la mission d'une âme particulière.

Immédiatement, Carmen a reçu des signes de l'intervention de Gabriel. D'abord, à deux reprises, elle a trouvé des plumes de couleur orange cuivré sans explication logique. Le second signe est apparu sur une photo de Carmen avec un orbe blanc et cuivré en forme d'ange, juste à côté d'elle. L'ange sur

la photo était si net que les employés du laboratoire photo en ont fait la remarque!

Et le troisième signe vraiment enthousiasmant est venu lorsqu'une massothérapeute du coin a appelé Carmen pour lui parler d'un local abordable qui était maintenant libre et à louer dans une clinique de soins. Carmen sait que l'archange Gabriel s'est arrangé pour que la massothérapeute sache que le local était à louer et connaisse le projet de Carmen, et qu'elle trouve ensuite son numéro de téléphone. C'était plus que de simples coïncidences, et ce miracle a dépassé les attentes de Carmen.

«Lorsque je m'en suis remise aux bons soins de cet ange de la communication, raconte Carmen, tout s'est mis en place sans effort et assez rapidement. J'en suis encore bouche bée!»

Bien sûr, Gabriel travaillera avec vous à partir du moment où vous le demanderez, même si vous ne remarquez pas ses signes. Une femme nommée Maryne Hachey souhaitait désespérément voir Gabriel et les autres anges. Maryne avait essayé de communiquer avec eux en travaillant sur les exercices de mon livre *Visions angéliques*. Mais elle a compris qu'elle essayait trop fort de voir les anges. Par bonheur, son esprit s'est détendu suffisamment pendant qu'elle dormait une nuit pour lui permettre d'interagir clairement avec l'archange Gabriel.

Dans son rêve, Maryne se tenait près d'un magnifique cerisier en fleurs, sur une rue qui n'avait

ni début ni fin. Le rêve était si réel qu'elle pouvait sentir les fleurs de cerisier et ressentir la brise sur sa peau. La brise faisait tomber des fleurs et des plumes sur la rue, et Maryne a senti son cœur se remplir d'un amour intense.

Puis, un grand ange d'apparence féminine aux cheveux blonds et ébouriffés est apparu. Elle était accompagnée de trois autres anges. Le grand ange a étendu la main en disant à Maryne : « Tu es sur la bonne voie ».

Sentant des larmes de gratitude couler sur son visage, Maryne a demandé qui était-ce. « Gabriel », lui a-t-elle répondu. Les fleurs de cerisier se sont transformées en plumes blanches, tombant tout autour de l'endroit où se tenait Maryne.

Ce matin-là, Maryne s'est réveillée dans la joie et l'enthousiasme, sachant que Gabriel l'avait bénie avec amour.

Gabriel est un ange tenace et travailleur qui demande la même éthique de travail de la part des personnes qui sollicitent son aide. Dans le prochain chapitre, nous communiquerons avec l'archange Uriel, qui nous offrira de merveilleuses intuitions et idées.

Chapitre 4

URIEL

Archange Uriel, merci de me donner des informations, idées et intuitions sur [sujet sur lequel vous désirez en apprendre davantage].

Uriel est aussi connu sous le nom de : Aretziel, Auriel, Nuriel ou Phanuel

Le nom Uriel signifie : « La lumière de Dieu »

Lorsque la plupart des gens pensent aux archanges, ils incluent Uriel dans leur liste. Et pourtant, cet archange semble le plus mystérieux, et échappe aux définitions claires que l'on peut donner de Michael, Raphaël et Gabriel.

Uriel est nommé dans les écritures des gnostiques chrétiens, ainsi que dans le livre apocryphe d'Esdras, où il enseigne au prophète Esdras les secrets ésotériques et les réponses aux questions métaphysiques, aidant ainsi Esdras à avoir des conversations poussées avec Dieu.

Dans le livre d'Hénoch, Uriel est l'un des archanges qui protègent l'humanité des Veilleurs (un groupe d'anges déchus) et qui ont guidé le prophète Hénoch, lequel devait plus tard accéder au royaume des archanges en devenant Métatron.

La sainteté d'Uriel devait être révoquée en 745 par le pape Zacharie, qui ne voulait conserver le titre que pour les anges nommés dans les écritures canoniques (Michael, Raphaël et Gabriel). Cependant, l'Église anglicane continue de vénérer Uriel en tant que saint patron du sacrement de la confirmation.

La théologie chrétienne considère que c'est Uriel qui a sauvé Jean le Baptiste du «massacre des Innocents» et qui a continué de le guider, lui et sa mère Elizabeth, alors qu'ils fuyaient l'Égypte.

Dans les peintures et la théologie chrétiennes, Uriel est représenté comme un chérubin. Dans les visions que j'ai eues de lui, il était plus petit et potelé que les autres archanges. En tant que «lumière de Dieu», il porte souvent une lanterne qui projette la lumière jaune pâle d'une chandelle.

L'archange intellectuel

Cher archange Uriel, merci de m'aider à concentrer mon esprit et à recevoir toute la connaissance, sagesse et intelligence dont j'ai besoin.

Uriel illumine notre esprit avec de l'information, des idées, des révélations et des intuitions. Il me fait penser à un vieil oncle sage. C'est l'interlocuteur rêvé à appeler lorsqu'on a besoin d'une solution, par exemple à une réunion d'affaires, en écrivant, en étudiant ou lorsqu'on fait un examen. Il murmurera une réponse juste et appropriée à votre oreille, que vous recevrez sous forme de mots ou de pensées qui sont soudainement « téléchargés » dans votre esprit. Après avoir demandé l'aide d'Uriel, surveillez vos pensées. Vous pouvez être sûr que vous obtiendrez la bonne réponse, directement de l'archange.

Karen Forrest (dont nous avons rapporté l'histoire avec l'archange Gabriel au chapitre précédent) invoque l'archange Uriel pour l'aider à se rappeler des noms et d'autres informations. Récemment, une femme au visage familier s'est approchée d'elle lors d'un atelier. Ne sachant plus comment l'appeler, Karen a demandé silencieusement à Uriel : *Quel est le prénom de cette dame ?* Immédiatement, Karen a entendu *Lynda* dans sa tête, si bien qu'elle a pu saluer la femme en utilisant son prénom.

Une autre fois, une amie lui a recommandé un livre, mais Karen n'avait pas de crayon pour écrire le titre. Alors, elle a demandé à Uriel de le lui rappeler et a aussitôt cessé d'y penser. Deux semaines plus tard, alors que Karen était dans une librairie, son intuition l'a invitée à regarder sur une tablette particulière. Même si elle n'avait pas l'habitude de regarder sur les tablettes du bas, parce qu'elle n'aime pas se pencher, Karen a suivi son instinct. Effectivement, le livre que son amie lui avait recommandé se trouvait là ! Il a fourni à Karen la réponse à plusieurs de ses questionnements spirituels.

Alors, vous pouvez invoquer Uriel pour guider vos recherches intellectuelles. Il travaille en tandem avec l'archange Zadkiel pour aider les étudiants à réussir à l'école et aux examens.

Il y a plusieurs années, Radleigh Valentine a découvert que l'archange Uriel était son guide principal lorsqu'il a suivi mon cours sur la thérapie angélique. J'ai fait pratiquer à ma classe une méditation où j'ai invité chacun des 15 archanges par ordre alphabétique.

Tandis que je nommais chaque archange et méditais sur lui, Radleigh n'a rien ressenti — jusqu'à ce que j'arrive à Uriel. Aussitôt que j'ai mentionné le nom de l'archange, Radleigh a aperçu une explosion de lumière dorée, comme si le plancher s'était mis à émettre un scintillement doré et qu'une lumière illuminait le milieu de la pièce. Il pouvait pratiquement entendre les anges chanter ! Puis, lorsque je suis passée à l'archange Zadkiel, Radleigh a vu s'évanouir la musique et la lumière.

Pour le reste du cours, Radleigh a reçu des cartes divinatoires et des interprétations qui indiquaient toutes la présence de l'archange Uriel dans sa vie. Aujourd'hui, il travaille avec Uriel personnellement

et professionnellement. Par exemple, l'archange a aidé Radleigh à mettre fin à une liaison dans la paix et l'amour. Et Uriel l'a également aidé à tenir un discours devant des centaines de personnes qui lui ont fait des commentaires élogieux. Uriel l'a également aidé à apporter d'autres changements positifs dans sa vie, comme de quitter un emploi malsain. À présent, Radleigh appelle Uriel l'« ange de l'Épiphanie », parce qu'il offre toujours des idées et une guidance inestimable.

Tout comme Uriel guide les discours publics de Radleigh, il peut également vous aider dans vos conversations avec les gens. La thérapeute angélique Melanie Orders (dont nous avons parlé au chapitre 1 lorsqu'elle a reçu l'aide de l'archange Michael pour ouvrir une clinique de massage) sollicite l'archange Uriel lorsqu'elle travaille avec quelqu'un qui a une attitude négative ou une faible estime personnelle. Melanie demande à Uriel de guider ses propos lorsqu'elle s'adresse à ses clients, et il l'aide toujours à choisir les mots qui les aideront à se sentir mieux et avoir une meilleure opinion d'eux-mêmes. Melanie dit qu'Uriel l'a guidée pour développer ses talents en communication avec toutes les personnes dans sa vie, l'aidant à devenir une personne plus aimable et diplomate.

L'archange Uriel nous relie à la sagesse infinie de Dieu et nous aide à nous concentrer sur les recherches intellectuelles. Dans le prochain chapitre, nous entrerons en contact avec l'archange Samuel, qui nous aide à retrouver ce que nous cherchons.

🕊 🕊 🕊

Chapitre 5

SAMUEL

*Merci, archange Samuel, de m'insuffler la
pure paix divine, afin que je puisse reconnaître
que toi et Dieu veillez sur nous tous.*

Samuel est aussi connu sous le nom de : Chamuel,
Camaël, Camiel, Camiul, Camniel, Chamael,
Kamaël, Khamael ou KMAL

Le nom Samuel signifie : « Celui qui voit Dieu »

Samuel est l'un des sept archanges des enseignements du Pseudo-Denys sur la hiérarchie céleste,
développés au Ve siècle. Il est parfois confondu avec
Samael, un « ange » qui a des penchants sombres
et destructeurs. La confusion provient de la sonorité similaire de leurs noms. Mais soyez assuré que
Samuel est entièrement fait de lumière divine.

Dans la Kabbale, Samuel (sous le nom de Kamaël) est l'archange de la *Geburah,* la cinquième Sephirah (aspect de Dieu) sur l'Arbre de Vie, dénotant la force et le courage dans la sévérité. Les kabbalistes considèrent que Samuel (Kamaël) fait partie des séraphins, qui représentent l'ordre le plus élevé des anges.

En tant que «celui qui voit Dieu», Samuel possède la vision omnisciente, et il voit les liens entre tout le monde et toutes choses. Sa mission sainte inclut de manifester la paix universelle en aidant les personnes à trouver la paix intérieure, même dans les périodes mouvementées.

Samuel utilise sa vision pour s'assurer que vous et les autres êtes en paix en vous aidant à retrouver ce que vous cherchez. De son point de vue privilégié, il peut localiser chaque objet perdu et trouver les solutions à chaque problème. Même s'il se situe à un niveau extrêmement élevé, Samuel reste très simple et accessible, comme un grand homme qui demeure entièrement humble.

Samuel, l'ange qui trouve

Cher archange Samuel, merci de me guider pour retrouver ce que je cherche, ce qui inclut [donnez des détails précis sur l'objet de votre recherche].

Les lettres que je reçois en plus grand nombre concernent des expériences angéliques concluantes avec l'archange Michael, qui a sauvé ou protégé des gens; avec l'archange Raphaël, qui les a guéris; et avec l'archange Samuel, qui les a aidés à trouver quelque chose (dans cet ordre).

À cet égard, l'archange Samuel joue un rôle similaire à celui de saint Antoine dans le catholicisme, qui nous aide également à retrouver les objets perdus. Les deux sont extrêmement rapides pour ramener les objets précieux comme les joncs de mariage.

Si vous hésitez à déranger cet ange avec des requêtes pour retrouver vos clefs de voiture ou vos lunettes, laissez-moi vous rassurer : Samuel est heureux de vous aider ! Il est chargé d'une mission importante, celle de propager la paix universelle, et il fait partie de ce plan qui est de réduire le stress humain. Alors, si vous êtes stressé d'avoir perdu quelque chose, soyez certain que Samuel souhaite vous aider. Il lui est très facile de localiser un objet perdu, puisqu'il peut voir l'endroit où se trouvent *toutes choses*.

Samuel peut vous aider à trouver votre mission de vie, un meilleur emploi ou une maison plus adéquate, la bonne relation, et n'importe quoi d'autre, que ce soit ésotérique ou matériel. Il suffit d'en faire la requête et que cela s'aligne avec la voie de votre Moi supérieur. Il connaît le dessein de Dieu pour vous, alors demandez l'aide de Samuel et il s'arrangera avec le reste.

Voici quelques exemples des façons surprenantes par lesquelles Samuel a aidé des personnes à trouver ce qu'elles cherchaient.

Quand Amanda Peart s'est acheté un nouveau sac à main, elle a jeté l'ancien aux ordures. Malheureusement, lorsqu'elle a complètement vidé son nouveau sac à main quelques jours plus tard, elle s'est rendu compte que son iPod était resté dans le vieux sac, qui était maintenant parti au dépotoir.

Très contrariée, Amanda a demandé à l'archange Samuel de l'aider. Le jour suivant, au supermarché, elle a ouvert son nouveau sac à main et a été stupéfaite d'y trouver son iPod. Elle précise : « Je suis absolument certaine que mon iPod n'était pas là avant, parce que j'avais littéralement vidé mon sac à main sur le plancher, triste et contrariée de l'avoir perdu. »

L'histoire d'Amanda est représentative des histoires que je reçois sur Samuel, où l'objet perdu réapparaît mystérieusement. Je crois que les anges rapportent l'objet perdu après que nous ayons demandé à Samuel de le localiser.

On peut également invoquer Samuel au nom d'une autre personne, ainsi que l'a découvert Nicolas Davis.

Nicolas avait un colocataire qui possédait des lunettes de soleil très dispendieuses, d'autant plus précieuses qu'il lui avait fallu beaucoup de temps avant de trouver les bonnes. Puis, un jour, il les a perdues ! Nicolas et son colocataire ont cherché dans toute la maison, mais elles n'y étaient pas.

Nicolas s'est alors rappelé que l'archange Samuel aide les gens à récupérer les objets perdus. Il a donc

imploré avec ferveur que son ami retrouve ses précieuses lunettes.

Le jour suivant, Nicolas s'est levé et s'est préparé
pour le travail. Il avait oublié l'incident jusqu'à ce
qu'il aperçoive son colocataire qui portait fièrement
ses lunettes. Surpris, Nicolas lui a demandé où il les
avait trouvées.

«C'est un vrai miracle! a répondu son ami. Mes
lunettes de soleil étaient sur la table à dîner lorsque
je me suis levé. Ne me demande pas ce qu'elles fai-
saient là, parce que je ne le sais pas. Elles étaient là,
c'est tout!»

Mais Nicolas savait au fond de son cœur que l'archange Samuel avait accompli un miracle et qu'il le
fait tous les jours.

Lorsque vous demandez à Samuel de vous aider
à trouver quelque chose, soyez attentif aux pensées,
idées, visions et sentiments que vous recevez. Ceci
est une façon pour Samuel de vous faire savoir où
trouver l'objet en question. Il peut vous dire de regarder dans un endroit qui vous semble illogique, parce
que vous avez déjà cherché là plusieurs fois. Mais
regardez quand même, parce que les anges peuvent
l'avoir ramené à cet endroit.

Gillian et Gary Smalley aiment communiquer
aux autres l'incroyable talent de l'archange Samuel
pour retrouver les objets perdus. Ils ont découvert
ses habiletés parce que Samuel a localisé leurs propres objets perdus. La première fois, ils avaient égaré

une cassette importante. Après avoir demandé la guidance de Samuel, Gillian avait toujours en tête de regarder dans le garage sur la seconde tablette d'une étagère. Mais elle savait qu'elle avait déjà regardé à cet endroit, alors elle a rejeté ce conseil... jusqu'à ce qu'une voix lui dise : « Va et regarde de nouveau ». Lorsqu'elle s'est exécutée, la cassette était là !

La seconde fois, l'entreprise du couple était menacée d'une poursuite, et ils avaient besoin de procès-verbaux pour appuyer leur défense. Malheureusement, ils avaient jeté tous ces papiers quelques années auparavant. Alors, Gillian a dit à Gary : « Rien n'échappe au regard de Dieu, je vais donc demander à l'archange Samuel de les trouver pour nous. »

Lorsque le couple a visité le frère de Gary, ils ont parlé de cette cause en attente. À cet effet, la belle-sœur leur a dit qu'elle avait trouvé une liasse de papiers et qu'elle se demandait ce que cela faisait chez elle. Il s'agissait justement des papiers que les Smalley pensaient avoir jetés ! Gillian et Gary ont échappé à la poursuite grâce à l'archange Samuel.

Samuel peut vous aider à trouver *n'importe quoi*, pour autant que vous soyez prêt à l'écouter et à suivre ses conseils, ainsi que l'a découvert Michael Muth. Lorsque Michael a eu besoin de son dictionnaire anglais-allemand, il s'est automatiquement rendu à l'endroit où il le range tout le temps — mais il n'y était pas. Alors, Michael a fouillé dans toute la pièce, mais toujours pas de dictionnaire. Puis il a regardé dans le salon, dans la cuisine, sur le balcon et dans la salle de bain.

Michael s'est alors rappelé que l'archange Samuel nous aide à retrouver les objets perdus. Il a décidé de demander son aide. Au bout de quelques instants, il a reçu la réponse sous forme d'«impression» lui disant que le dictionnaire se trouvait dans sa chambre à coucher. Et c'était le cas!

Tel un satellite, Samuel voit tout ce qui se passe sur Terre. Alors, si vous vous sentez perdu ou effrayé, c'est le meilleur compagnon à appeler. Samuel vous guidera avec sûreté vers votre destination, ainsi que l'illustre l'histoire de Timothy.

Lorsque Timothy est arrivé à la gare d'une ville étrangère tard le soir, il ne savait vraiment pas où se trouvait son hôtel. Comme il n'y avait pas de taxis, il a commencé à marcher. Il n'y avait personne pour lui indiquer son chemin. Timothy a alors demandé à l'archange Samuel de bien vouloir le guider jusqu'à son hôtel.

Après cela, Timothy a déambulé en souhaitant croiser quelqu'un qui puisse lui montrer la bonne route. Imaginez sa surprise de se retrouver directement devant l'hôtel, sans avoir fait de détours ni avoir marché dans la mauvaise direction. Timothy s'était directement rendu devant l'entrée de sa destination, sans avoir la moindre idée de la direction à prendre!

Que vous cherchiez l'âme sœur, un meilleur emploi ou l'endroit où se trouvent vos clés de voiture, Samuel peut utiliser sa vision céleste pour vous aider. Dans le chapitre suivant, nous travaillerons avec l'archange Ariel, qui peut nous aider à nous rapprocher de la nature.

Chapitre 6

ARIEL

*Cher archange Ariel, s'il te plaît, aide-moi
à me connecter au pouvoir guérisseur et à
l'esprit de la nature.*

Ariel est aussi connu sous le nom de : Arael et
Arieael

Le nom Ariel signifie : « Le lion ou la lionne de
Dieu »

L'archange Ariel figure dans les écrits coptes,
apocryphes et mystiques judéo-chrétiens, en tant
que gardien de la nature et régulateur du monde
souterrain. Dans ce dernier rôle, Ariel assume la
tâche impitoyable de punir ceux qui passent du côté
obscur.

L'association d'Ariel avec l'esprit de la nature a été immortalisée par Shakespeare, où l'archange est dépeint comme le farfadet d'un arbre dans *La tempête*. Dans cette pièce, Ariel doit mettre son savoir secret au service du magicien Prospero.

Dans le livre biblique d'Isaïe, il y a un renvoi à une ville sainte nommée Ariel, dont les théologiens pensent qu'elle symbolise Jérusalem, puisqu'on dit que le roi David y a demeuré.

Ariel a figuré dans une œuvre d'art sous forme d'une petite fée pour illustrer *La tempête* de Shakespeare et comme un jeune ange efféminé et délicat dans les peintures des archanges de Sopó, dans la Colombie du XVIIe siècle. La peinture de Sopó porte le titre de « Ariel : commandement de Dieu », bien qu'elle ne dénote rien de martial.

Le genre de cet ange prête à controverse. Cela n'a que peu d'importance par rapport aux vastes ressources que nous offre Ariel. De plus, comme les autres anges, Ariel ne possède pas de corps physique, c'est pourquoi il n'a pas de sexe particulier, il est androgyne. Toutefois, sa spécialité et son énergie transpirent selon moi la féminité, et de la sorte, j'ai toujours communiqué avec Ariel comme s'il s'agissait d'un ange féminin.

Ariel est un ange guérisseur qui collabore étroitement avec l'archange Raphaël, surtout lorsque vient le temps de secourir les oiseaux, les poissons et les autres animaux.

 *Ariel*

Missions de vie environnementales

Merci, archange Ariel, de m'inspirer à
trouver la meilleure façon de venir en aide
à l'environnement terrestre.

On considère que l'archange Ariel est le chef du chœur des anges nommé Vertus — ceux qui gouvernent l'ordre de l'univers physique, veillant sur le soleil, la lune, les étoiles et toutes les planètes, incluant la Terre. Pour cette raison, Ariel s'implique profondément dans la cause environnementale. Si vous vous sentez attiré par les domaines de l'écologie terrestre, la protection des océans, de la qualité de l'air ou des animaux, alors Ariel peut vous aider.

Enfant, Susan* était naturellement connectée à l'environnement. Elle avait même invité ses parents à faire le tour de la maison pour remplacer les produits de nettoyage toxiques et les appareils énergivores par des produits de remplacement plus écologiques. Alors, il est tout à fait compréhensible que devenue adulte, Susan ait développé une relation avec l'ange écologique, l'archange Ariel.

Par exemple, Susan se sentait fortement inspirée par Ariel à élargir son travail environnemental. Mais elle ne savait pas comment s'y prendre, alors elle a sollicité son appui. Susan a ressenti l'encouragement d'Ariel sous forme d'une réponse intuitive : *Si je fais*

---

* Le nom à été changé à sa demande.

confiance à mon équipe angélique, tout ce qu'il me faut se présentera à moi.

De fait, Susan a commencé à remarquer des signes récurrents lui disant qu'elle devait participer au rétablissement du parc de son quartier. Elle a compris qu'elle devait recueillir des fonds pour cette cause, mais elle ne savait pas comment faire. Ariel lui a donc donné des signes et des conseils précis afin de créer un projet de courtepointe, où chacune pourrait fournir un carré de tissu représentant son lien personnel à la nature. Susan, toujours inspirée par Ariel, a organisé une tombola pour cette courtepointe le Jour de la Terre (qui arrive chaque 22 avril) et a donné les profits pour la restauration du parc. Elle a suivi cette vision et son intuition et reste en contact avec Ariel pour ce projet et d'autres projets environnementaux.

Choses nécessaires à la subsistance

Cher archange Ariel, merci de nous aider, ma famille et moi, à avoir les vivres et le soutien nécessaires pour être heureux et en santé.

En tant qu'ange des ressources naturelles de notre planète, il fait partie de la mission d'Ariel de s'assurer du juste traitement des gens et des animaux. Si bien qu'Ariel travaille pour qu'il y ait suffisamment de nourriture saine, d'eau potable, d'abris valables et

autres fournitures nécessaires. Par conséquent, vous pouvez demander l'aide d'Ariel pour répondre à vos besoins terrestres.

Pendant qu'Amy McRay battait les *Cartes divinatoires des archanges,* la carte de l'archange Ariel est sortie, avec le mot « prospérité ». Elle s'est endormie en méditant sur le mot de la carte et la magnifique image d'Ariel tenant une corne d'abondance. En dormant, Amy pouvait voir et sentir Ariel la baignant dans un flot de prospérité.

Quand Amy a appris le lendemain qu'elle venait de gagner un ordinateur portatif à un concours qu'elle avait complètement oublié, elle a remercié Ariel. Et l'aspect intéressant de la chose, c'est que le concours portait sur les habitudes sans papier pour sauver des arbres : cause très écologique qu'endosserait volontiers Ariel.

Contact avec la nature

> *Merci, archange Ariel, d'être*
> *mon guide vers la nature.*

Ariel peut également vous aider à interagir avec la nature de manière convenable et sécuritaire. C'est un ange merveilleux à invoquer en randonnée ou en camping, par exemple. Et comme l'a découvert une femme nommée Ann McWilliam, Ariel peut même être d'un secours pour les barbecues !

De petits insectes infestaient le barbecue d'Ann tandis qu'elle faisait griller des burgers végétariens. Elle ne voulait pas utiliser d'insecticide, alors elle a invoqué l'aide de l'archange Ariel, puisque c'est l'archange de la nature.

Ann a demandé à Ariel de l'aider à se débarrasser de ces bestioles sans avoir à les blesser. En quelques secondes, le mot *vinaigre* lui a traversé l'esprit. Elle a douté un instant du message, mais il revenait constamment. Alors, Ann a vaporisé son gril de vinaigre et les insectes se sont éloignés *sans revenir!*

L'archange Ariel vous initiera également à l'aspect non physique de la nature, si vous demandez son secours. Si vous avez toujours rêvé d'entrer en contact avec les fées et les autres élémentaux, demandez à Ariel d'être votre guide. L'archange vous aidera à naviguer dans le royaume des esprits de la nature afin de rencontrer les êtres bienfaisants qui peuplent les jardins, les parcs, les fleurs, les arbres et les plans d'eau.

Ariel peut également aider à soigner les oiseaux, les poissons et les mammifères domestiques ou sauvages. Plusieurs fois, j'ai abrité un oiseau blessé dans mes mains en demandant l'aide d'Ariel. En quelques minutes, l'oiseau retrouvait sa force vitale et sa capacité de voler.

En raison de son lien privilégié à la nature et la cause environnementale, l'archange Ariel joue un rôle important dans le maintien de la santé de notre planète. Au chapitre suivant, nous entrerons en contact avec un archange profond et mystérieux, Métatron, qui nous aide également de plusieurs façons importantes.

MÉTATRON

Cher archange Métatron, merci de m'aider à approfondir mon contact avec Dieu et de me guider pour ressentir et comprendre l'amour profond du Divin.

Métatron est l'un des deux archanges dont le nom ne se termine pas par le suffixe *el*, qui signifie «de Dieu». La raison en est que Métatron et Sandalphon étaient tous deux des prophètes sur Terre qui ont vécu des vies si pieuses qu'ils ont été récompensés en étant élevés au royaume des archanges.

Il n'y a pas de consensus sur l'origine du nom Métatron, ni de traces laissant entendre qu'il ait pu s'appeler autrement. Le Talmud, le Zohar et le livre apocryphe d'Hénoch évoquent Métatron comme le «petit YHWH» *(YHWH* sont les lettres de l'hébreu désignant Dieu) et font référence à Métatron comme le scribe assis à côté de Dieu. Certains rabbins considèrent que dans l'Exode, lorsque Dieu demande

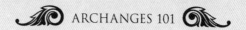

d'obéir à l'ange qui guidera le départ en masse, « car mon Nom est en lui », on fait ici référence à Métatron.

Bien que Métatron ne soit pas nommé dans la Bible canonique, l'ascension d'Hénoch (qui appartenait à la septième génération suivant Adam, était un fils de Jared et l'arrière-arrière-grand-père de Noé) est décrite dans la Genèse. Il est mentionné qu'Hénoch a marché 365 ans avec Dieu, puis il a disparu, parce que Dieu l'a pris. Plus loin, dans l'Épître aux Hébreux, il est dit qu'Hénoch n'a pas vu la mort et que son corps n'a pu être trouvé, parce que Dieu l'a enlevé.

Le Zohar, un livre mystique juif, décrit Métatron comme « l'archange le plus élevé, le plus estimé des armées célestes ». Il est dit que Métatron règne sur tout, les choses vivantes ici-bas et les choses vivantes en haut, et qu'il est le médiateur entre le Ciel et la Terre.

Le cube de Métatron

Merci, archange Métatron, d'utiliser ton cube de guérison pour purifier l'énergie de mon corps, de mon esprit et de mes émotions.

Métatron est associé à la *Merkabah*, qui est décrite comme le char de Dieu dans le livre d'Ézéchiel de la Torah. Le char lui-même est constitué d'anges, et les séraphins propulsent le véhicule avec leurs éclairs de lumière. Dans le livre d'Hénoch, Métatron est le

responsable de la Merkabah. On dit également que l'Arbre de Vie des Sephiroth, dans la Kabbale, est un char Merkabah pour la voie spirituelle. Métatron gouverne la première sphère des Sephiroth.

Aujourd'hui, l'association de Métatron à la Merkabah se prolonge dans la «géométrie sacrée». Le véhicule de la Merkabah est maintenant représenté comme une combinaison des solides platoniciens, qui constituent le fondement de toute matière physique. Nous le nommons le «cube de Métatron» ou la «fleur de Vie».

L'archange Métatron utilise le cube Merkabah pour guérir et chasser les énergies inférieures. Le cube tourne dans le sens des aiguilles d'une montre et utilise la force centrifuge pour repousser les résidus d'énergie indésirables. Vous pouvez invoquer

Métatron et son cube de guérison pour vous purifier. La couleur de son halo est rose foncé et vert foncé.

En tant qu'artisane de Lumière particulièrement sensible, Sue Tanida absorbe les énergies émotionnelles et physiques des gens qui l'entourent. Cela affecte son humeur et son niveau d'énergie, et elle est tellement occupée par sa carrière qu'elle n'a pas toujours le temps de méditer pour réaligner ses propres énergies.

Sue a donc été soulagée de découvrir qu'il peut être d'un grand secours de solliciter l'archange Métatron. Elle a simplement dit : « Métatron, je t'en prie, utilise ton cube pour réaligner mon énergie et me retirer celle qui ne m'appartient pas ou ne m'aide pas. »

Sue a senti et vu par clairvoyance Métatron utiliser son « cube » comme une ventouse de plomberie pour débloquer ses canaux d'énergie. Le cube a circulé énergétiquement autour du sommet de la tête de Sue, puis est descendu dans son corps en suivant l'épine dorsale, et est ressorti en emportant toutes les impuretés qu'elle avait absorbées. Puis, l'archange a purifié ces énergies inférieures et Sue s'est sentie rafraîchie et revivifiée.

Tout comme Sue, Natalia Kuna a récemment appris qu'elle pouvait rapidement purifier les centres d'énergie de son corps en invoquant l'archange Métatron. Elle a donc décidé de l'essayer un jour. Tout d'abord, Natalia s'est détendue et a pensé à

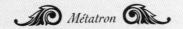

Métatron en lui demandant mentalement de nettoyer ses chakras.

Natalia a immédiatement senti Métatron lui tendre une boule d'énergie, et elle a intuitivement compris qu'elle devait utiliser ses mains pour la glisser sur chaque chakra. En le faisant, elle pouvait sentir l'énergie s'accroître et se modifier. Elle a ressenti tout spécialement une énergie vibratoire distincte et une chaleur en passant sur le chakra du cœur, qui dissolvait toute douleur ancienne.

Natalia était ravie de l'expérience, non seulement parce qu'elle avait purifié et guéri ses chakras, son corps et son esprit, mais parce que cela avait aussi augmenté son désir de se fier à son instinct — ce qui faisait partie déjà de ses prières.

En tant que scribe de Dieu, Métatron, avec sa géométrie sacrée, est également un maître du savoir ésotérique. Si vous essayez de saisir des concepts élevés, l'archange Métatron et l'archange Raziel (que nous rencontrerons au chapitre 12) sont de merveilleux enseignants à invoquer.

Par exemple, la psychothérapeute Sandra Guassi a compris qu'elle avait atteint les limites de ce que la psychologie pouvait lui enseigner sur la vie et l'univers. Elle a commencé à s'intéresser aux sujets mystiques, tels la numérologie, l'astrologie et l'ancien savoir ésotérique.

Peu après, Sandra a médité pour entrer en contact avec son ange gardien. Elle a silencieusement

demandé le nom de l'ange et distinctement entendu «Métatron». Le nom a résonné en elle si fortement qu'elle en a eu la chair de poule. L'énergie de cette connexion était si intense que Sandra s'est mise à pleurer de joie.

Aussitôt après la méditation, quand elle a ouvert les yeux, Sandra a commencé à douter de l'expérience qu'elle venait de vivre. Métatron était-il vraiment avec elle? Pour y répondre, Sandra a été guidée par son intuition, qui l'encourageait à étudier la numérologie du nom Métatron et à la comparer à celle de son propre nom. Elle a été stupéfaite de découvrir que *son* nom et celui de Métatron contenaient la même suite numérologique. Cela l'a aidée à accepter que cet archange soit son gardien. Depuis ce temps, Sandra est devenue une thérapeute angélique et a développé un lien intime avec Métatron et d'autres anges.

Métatron possède la connaissance de la malléabilité de l'univers physique, qui est en réalité composé d'atomes et d'énergie de pensée. Il peut vous aider à travailler avec l'énergie universelle pour guérir, comprendre, enseigner et même infléchir le temps.

Amy McRae a appris à faire confiance à l'archange Métatron pour arriver à l'heure à ses rendez-vous. Elle sait par expérience qu'il peut infléchir le temps et l'espace. Même lorsque Amy sait qu'elle arrivera en retard, Métatron lui permet d'arriver rapidement à destination — sans accélération, et en ayant habituellement du temps à tuer. Amy connaît un

tel succès avec l'archange Métatron pour gérer son emploi du temps, que son père nomme désormais cet ange «saint Timex»!

L'ange des enfants ultrasensibles

Cher archange Métatron, merci de veiller sur mes enfants et de me guider pour que je les aide de mon mieux à conserver et à développer leurs dons spirituels.

L'archange Métatron enseigne le savoir ésotérique aux enfants et aux adultes. Il semble s'intéresser tout particulièrement aux jeunes personnes ultrasensibles qui sont souvent incomprises, voire sous médication, parce que leurs dons spirituels les rendent souvent mal à l'aise en société.

Si vous ou vos enfants avez besoin d'aide pour favoriser la socialisation à l'école, au travail ou à la maison, Métatron peut vous aider. Par exemple, Melanie Orders a deux filles qui sont ultrasensibles aux énergies, aux produits chimiques et à tout ce qui est agressant. Serene, qui a 10 ans, a de la difficulté à supporter les bruits agressifs et toute forme de colère ou de violence. Le simple fait de voir brièvement des images de guerre à la télévision a failli lui faire passer une nuit blanche. Melanie et son mari n'avaient même pas réalisé qu'elle avait vu des images violentes à la télé, puisque ces dernières avaient passé comme un éclair durant un changement de chaîne, alors que

Serene passait dans la pièce. Mais lorsqu'elle n'a pu s'endormir et continuait à pleurer, la fillette a confié la source de sa détresse : « Maman, je n'arrête pas de voir l'homme à la télé ! »

Alors, Melanie a invoqué l'archange Métatron, en tant que gardien des enfants ultrasensibles, pour obtenir son aide. En fermant les yeux, elle a eu la vision d'un grand ange qui se tenait devant Serene. Métatron a commencé à apaiser les pensées de Serene, l'aidant à libérer son esprit des images de violence. Bientôt, la fillette a dit se sentir mieux et a pu s'endormir seule.

Melanie demande souvent l'aide de Métatron pour ses enfants, afin qu'ils demeurent sensibles tout en vivant en harmonie avec les énergies parfois brutales du monde actuel. Elle et son mari sont désormais plus conscients de la sensibilité de leurs enfants, et plus personne ne regarde les nouvelles à la télé dans la maison.

La collaboration de Melanie avec Métatron illustre vraiment sa mission d'aider les enfants sensibles et clairvoyants à s'intégrer au monde matériel.

Parfois, les enfants ultrasensibles sont agités et souffrent d'insomnie. À 4 h, la fille d'Orietta Mammarella, Jasmina, était agitée et empêchait ses parents de dormir. Elle tirait les oreilles de son père, chantait des chansons et s'amusait. Frustrée et fatiguée, Orietta a sollicité l'aide de l'archange Métatron.

Elle a entendu des «chuchotements d'ange» à son oreille, lui indiquant que Jasmina devait retourner dans son propre lit. Métatron a montré à Orietta que la petite fille testait les limites de ses parents. Alors, Orietta a couché Jasmina et demandé à l'archange Métatron d'aider tout le monde à bien dormir. Et cela a fonctionné! Jasmina a dormi jusqu'à 9 h, permettant à toute la maisonnée de récupérer.

À présent, Orietta travaille souvent avec l'archange Métatron, qu'elle surnomme «super Nounou».

L'archange Métatron n'aide pas seulement à élever les enfants particulièrement sensibles, mais également lors de la conception et de la grossesse, ainsi que l'a découvert Claire Timmis. Claire communique avec l'archange Métatron chaque fois qu'elle se trouve près de l'eau. Elle perçoit l'énergie de Métatron, qui vibre à une fréquence particulièrement élevée, au-delà de ce que nos sens humains peuvent percevoir. Pour Claire, cette énergie est puissante, tout en demeurant douce, et sa guidance est précise et forte. Elle a remarqué que la plupart des archanges offrent de l'amour, mais évitent de donner des conseils, ce qui pourrait être perçu comme un comportement contrôlant. Métatron, quant à lui, est très clair dans ses conseils — mais sans non plus se montrer contrôlant.

En prenant une douche, Claire a eu la vision de l'archange lui disant qu'elle concevrait bientôt un enfant adorable. Quelques semaines plus tard, elle a

découvert qu'elle était enceinte. Toute sa grossesse a été une expérience profondément spirituelle, et elle a senti la présence et le soutien de l'archange Métatron dans tous les aspects de la maternité. Claire m'a confié que l'archange Métatron l'aide à contribuer à rendre le monde meilleur, par ses propres actions et celles qu'elle enseigne à ses enfants.

Missions de vie impliquant le travail auprès des enfants ultrasensibles

Merci, archange Métatron, de guider et soutenir ma carrière de guérisseur et d'enseignant auprès des enfants ultrasensibles.

Si venir en aide aux enfants, particulièrement ceux qui sont sensibles et clairvoyants, vous attire, alors l'archange Métatron peut vous guider dans votre carrière. Il connaît les domaines liés aux enfants qui seront les plus enrichissants pour vous. Et si vous le demandez, il guidera votre formation et vos recherches d'emploi, et vous apportera du travail et une clientèle.

Par exemple, la thérapeute angélique Kristy Ayala (qui avait reçu l'aide de l'archange Gabriel dans sa vocation spirituelle au chapitre 3) a reçu des conseils clairs de l'archange Métatron durant ses méditations. Elle entamait le processus qui devait l'éloigner des psychothérapies traditionnelles. Chaque fois qu'elle

demandait des conseils sur sa véritable mission de vie, l'archange Métatron apparaissait à Kristy. Il lui a montré que sa mission impliquait de travailler auprès des enfants ultrasensibles, qui sont souvent nommés enfants *indigo, cristal* ou *arc-en-ciel.*

Les visions de Kristy étaient tout à fait précises. L'archange lui a montré qu'elle serait guidée étape par étape, dans l'instant présent, avec ces enfants et leurs parents. Elle a confié : « Il m'a montré que je ferais des consultations avec chacun d'entre eux, en mettant l'accent sur la compréhension et la connexion avec leur parcours spirituel. » Métatron a également révélé à Kristy qu'elle donnerait des cours aux enfants, aux parents et au personnel soignant sur la façon de travailler avec les anges.

Eh bien, les visions et conseils de Métatron se sont tous concrétisés pour Kristy, et l'enseignement se passe bien. Kristy affirme : « Travailler avec l'archange Métatron m'a permis de recueillir l'information nécessaire pour personnaliser les séances avec chaque famille, selon leurs besoins. J'ai découvert que l'archange Métatron apporte un grand soutien, de l'amour et de l'attention à ces familles, de même qu'à moi qui m'implique auprès d'elles. »

🜊

Bien que l'archange Métatron soit un être de haut niveau, il reste très accessible en raison de sa vocation

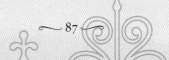

à enseigner les applications pratiques du savoir ésoté-rique. Il prend particulièrement soin des personnes ultrasensibles.

Dans notre prochain chapitre, nous entrerons en contact avec l'archange Sandalphon, qui est consi-déré comme le frère de Métatron, puisqu'ils ont suivi un cheminement similaire, passant de prophète au royaume des archanges.

Chapitre 8

SANDALPHON

*Cher archange Sandalphon, merci de
porter ma prière jusqu'au Ciel, afin qu'on puisse
l'entendre et y répondre.*

Sandalphon est aussi connu sous le nom de :
Ophan ou Saldolfon

Le nom Sandalphon signifie : « frère » ou « frère
jumeau »

Tout comme Métatron, le nom de Sandalphon se
termine en *on* et non en *el,* ce qui désigne son origine
de prophète humain. Sandalphon représentait le prophète biblique Élie, qui s'est envolé aux Cieux à la fin
de sa vie humaine, de la même façon que Métatron.
Il est intéressant de noter que Métatron règne sur
l'entrée des sphères de l'Arbre de Vie de la Kabbale et
que Sandalphon règne sur leur sortie.

Au cours de l'existence humaine de Sandalphon, Élie est celui qui était comparé à Jésus lorsqu'il a demandé à ses disciples : « Au dire des gens, qui suis-je ? » C'est peut-être parce qu'Élie était considéré comme le précurseur du Messie.

Parmi les fonctions associées à Sandalphon, on retrouve celles d'être intercesseur des prières humaines auprès de Dieu, d'aider à déterminer le sexe d'un enfant à naître et d'agir comme patron des musiciens. Le Talmud et la Kabbale décrivent Sandalphon comme le livreur des prières de la Terre au Ciel. C'est peut-être en raison de sa taille légendaire, dont on dit qu'elle s'*étend* du Ciel jusqu'à la Terre.

Dans la Kabbale, la dernière Sephirah de l'Arbre de Vie se nomme *Malkuth,* qui renvoie à l'entrée dans la connaissance métaphysique de l'humanité. L'archange Sandalphon préside à la Malkuth, couronnement de l'expérience et des connaissances spirituelles qui passent dans le monde physique.

En d'autres mots, Sandalphon prend la matière ésotérique et lui trouve des applications pratiques, tandis qu'il livre les prières et y répond.

Par exemple, lorsque Jenn Prothero a vendu sa maison, elle ne savait pas où elle irait vivre. Tout ce qu'elle savait, c'est qu'elle voulait fuir la vie urbaine et que les anges la guideraient vers l'endroit parfait. Elle a médité chaque jour et demandé aux anges de l'aider à trouver une nouvelle demeure.

Jenn a visité quelques endroits, mais rien ne semblait assez bien à ses yeux. Elle avait aussi une échéance serrée à respecter, devant quitter sa maison afin que les nouveaux propriétaires puissent y emménager.

Alors, Jenn a invoqué l'archange Sandalphon, l'ange qui livre les prières à Dieu et qui transmet ses réponses. Elle lui a demandé : « S'il te plaît, implore Dieu de me fournir les réponses que je cherche ». Le matin suivant, au cours d'une méditation, elle a entendu une voix douce qui disait : « rue McNaughton ». Jenn savait qu'elle venait de recevoir le conseil qu'elle attendait, alors elle a contacté son agent immobilier.

Effectivement, il y avait une maison parfaite pour elle à vendre sur la rue McNaughton, et Jenn a signé le contrat de vente le soir suivant.

L'ange de la musique

Cher archange Sandalphon, je te demande de diffuser la musique harmonieuse et thérapeutique des sphères à travers ma voix et mes instruments musicaux.

Sandalphon travaille avec des anges qui chantent continuellement les louanges du Seigneur, créant une musique céleste qui nous protège tous. Certains théologiens considèrent Sandalphon comme un *hazan* (un maître de musique) ou comme le patron des gens qui sont hazans.

Qu'importe la façon, plusieurs musiciens ont eu du succès en sollicitant l'aide musicale de Sandalphon. Je lui demande souvent d'inspirer mon jeu de guitare, ou de m'aider à apprendre un nouveau morceau (surtout s'il est difficile).

L'auteure et interprète Anna Taylor, travaillait sur les pièces de son premier album, *Already Here,* lorsque son producteur lui a demandé si elle avait prévu ou inclus une chanson sur les anges. Après tout, elle était une thérapeute angélique, lui a-t-il fait remarquer.

Anna hésitait pourtant à le faire, puisqu'il existait déjà plusieurs bonnes chansons sur le sujet. Et pourtant, encouragée par son producteur, elle a décidé d'invoquer Sandalphon pour qu'il l'inspire et la soutienne. Quelques secondes après cette requête, Anna a obtenu de l'aide !

Anna a ouvert son ordinateur portable et commencé à taper les paroles de sa chanson, comme si elle prenait la dictée de Sandalphon. Elle a levé les yeux et aperçu un éclair de lumière turquoise, qui est la couleur de l'aura de l'archange Sandalphon. Une fois terminé, Anna s'est aperçue qu'elle venait d'écrire une chanson qui englobait tout ce qu'elle souhaitait dire sur les anges.

Anna déclare : « Je sens l'énergie intense de Sandalphon directement en face de moi lorsque je chante cette chanson, et très souvent j'ai une vision

fugitive de la magnifique couleur turquoise de son halo, comme s'il me saluait. » Depuis, Anna demande l'aide de Sandalphon pour tout ce qui touche sa musique et son chant.

La bienveillante présence de Sandalphon, d'une force tranquille, peut vous aider à approfondir votre connexion avec Dieu et votre spiritualité. Il vous aidera à ressentir l'amour divin et à avoir l'assurance qu'on veille et qu'on prend soin de vous. Dans le prochain chapitre, nous rencontrerons l'archange Azraël, qui nous soutient dans le dénouement et la fin de quelque chose.

Chapitre 9

AZRAËL

*Cher archange Azraël, merci de guérir mon cœur
et de m'aider à avancer dans la vie.*

Azraël est aussi connu sous le nom de : Ezraeil,
Izrail, Izrael ou Mala al-Maut

Le nom Azraël signifie : « Celui que Dieu aide »

Azraël est l'« ange de la mort » dans le sens le plus
noble et thérapeutique du terme. Cela se trouve à
l'opposé de l'image morbide d'une faucheuse sinistre
qui emporte la vie des gens. Azraël, en revanche, est
un thérapeute de soutien qui guide affectueusement
les âmes au Ciel après la mort. Puis, il console les sur-
vivants et les aide à se remettre de leur deuil.

La théologie islamique considère qu'Azraël
accomplit avec un profond respect la volonté de Dieu
pour l'âme des disparus.

En raison de la sonorité semblable, Azraël est parfois confondu avec Azazael qui est considéré comme un démon ou un ange déchu. Toutefois, leurs personnalités, missions et énergies ne pourraient être plus différentes. Notre Azraël est un être de lumière divine, pur et digne de confiance.

Guérison des personnes affligées par le deuil

Azraël apporte son secours dans tous les aspects des pertes, décès et transitions. Si votre cœur est affligé par un deuil, invoquez Azraël pour du soutien et du réconfort, ainsi que l'a fait Carmen Carignan.

La période des Fêtes était difficile pour Carmen qui venait de perdre sa mère. Elle lui manquait terriblement, surtout que son anniversaire était si proche de Noël. Cela faisait un bout de temps que Carmen n'avait pas senti la présence spirituelle de sa mère ou qu'elle n'avait reçu d'elle une visite en rêve.

Alors Carmen s'est tournée vers l'archange Azraël pour obtenir du soutien et du réconfort pendant la période des Fêtes. Elle a demandé à Azraël de lui envoyer un signe pour lui montrer que sa mère allait bien et qu'elle se trouvait à proximité.

Eh bien, Carmen a reçu son signe la veille de Noël, alors que sa famille et elle déballaient les cadeaux près du sapin. Une fois tous les cadeaux déballés, le frère de Carmen lui a tendu une boîte.

En l'ouvrant, elle a senti une odeur familière : c'était la trousse de beauté turquoise, brodée à la main, de sa mère !

Carmen a tenu délicatement le contenu après avoir ouvert la trousse, puisque chaque bouteille de parfum et de lotion à moitié utilisée contenait l'énergie et la présence de sa mère. Le frère de Carmen lui a expliqué qu'il avait trouvé la trousse dans sa maison, sans savoir comment elle avait pu arriver là. Il savait simplement qu'il devait la donner à Carmen.

Cette dernière raconte :

> J'ai eu le cœur gros, puis je me suis mise à pleurer, en comprenant que tout cela avait été divinement orchestré par l'archange Azraël. C'était un signe que ma mère allait bien, comme je l'avais demandé. Cela était vraiment le plus beau cadeau de Noël que j'aie jamais reçu, puisqu'il m'a apporté intérieurement la paix et la sérénité.

Les pertes peuvent prendre plusieurs formes, et le deuil est la réaction normale à toute forme de séparation. Par bonheur, l'archange Azraël est là pour nous soutenir chaque fois que nous chutons, ainsi que l'a su Claudio Moreno après sa rupture avec son amoureuse.

En fait, Claudio a contacté l'archange Azraël pour la première fois quand la femme qu'il aimait l'a quitté sans une seule explication. Il a prié pour une aide spirituelle, aussi bien pour obtenir une réconciliation que pour se sentir mieux. Mais, au fond de lui-même, il a dû reconnaître qu'il préférait entretenir sa tristesse et s'apitoyer sur son sort.

Un soir qu'il se désolait de sa relation amoureuse, Claudio a ouvert au hasard une page du livre *Archanges et maîtres ascensionnés* et lu un passage sur l'archange Azraël. Peu familier avec cet ange, Claudio a lu l'invocation de la page, puis il a oublié la chose.

Quelques jours plus tard, la mère de Claudio lui a envoyé un article intéressant sur le site de Teotihuacán, au Mexique. Cela semblait un merveilleux endroit pour se remettre d'une peine amoureuse. Claudio a donc contacté un ami nommé Hector à Mexico, qui justement allait guider des touristes à travers Teotihuacán et d'autres villes mexicaines. Sachant que c'était un signe évident, Claudio s'est rendu à Mexico pour participer au voyage organisé d'Hector.

Pendant le voyage, Hector s'est mis à parler spontanément de l'archange de la mort, qui était nul autre qu'Azraël, ainsi que l'a appris plus tard Claudio. Ce soir-là, Claudio a reçu un autre signe de la présence d'Azraël, lorsqu'il a ouvert un livre de John Irving et lu une autre référence à l'ange de la mort.

Claudio s'est demandé ce que signifiaient ces signes. Il pouvait sentir la présence de l'ange, qui l'aidait à surmonter la peine consécutive à sa rupture. Mais il ne pouvait déchiffrer son message. Le jour suivant, Claudio, Hector et le reste du groupe ont visité Teotihuacán et marché sur le « chemin de la mort », bras dessus, bras dessous.

Durant cette marche méditative, Claudio a eu une vision mentale d'un homme blond avec d'énormes ailes blanches, portant une armure bourgogne et un casque léger. Claudio l'a trouvé extrêmement beau et intense.

Silencieusement, Claudio a dit : *Je sais que tu es Azraël, l'ange de la mort, et je sais que tu es ici pour m'aider.* Claudio a remarqué que l'ange tenait une grande lance, et il a mentalement demandé à Azraël d'utiliser sa lance pour éliminer ses pensées et sentiments douloureux. Claudio s'est senti beaucoup mieux, tandis qu'Azraël guérissait son cœur de la souffrance de sa rupture.

Une fois revenu chez lui, Claudio a poursuivi sa communication avec Azraël. Les messages et l'aide que lui fournissait l'archange étaient toujours forts et précis. Claudio nous résume la situation :

> Azraël m'a fait savoir que j'avais créé mon enfer et que j'y étais prisonnier. C'était par ma faute, et non celle d'un autre, et il m'a rappelé que je ne devais pas blâmer les autres pour mes émotions. Il m'a aussi fait comprendre qu'en entretenant la peur et

les mauvais sentiments, je me faisais non seulement du mal à moi-même, mais je contribuais aussi à empirer la situation de la planète. Azraël veut également que je comprenne qu'il aime libérer les gens de la peur. Il veut que je sache que chaque fois que je l'invoque, il peut plonger dans les profondeurs de mon enfer personnel et me secourir. Il l'a fait de nombreuses fois depuis, et il m'aide maintenant à éviter que mon esprit n'engendre des idées qui blesseront mon état émotionnel.

Claudio a compris que le dilemme de l'amour et de la peur résidait seulement dans son esprit, et non ailleurs. Azraël lui a enseigné que le seul choix qui importe vraiment est de savoir si l'on se met ou non au diapason de l'amour. Claudio a adoré les enseignements pratiques et logiques d'Azraël, et les a mis en application pour guérir son cœur et son esprit et acquérir un nouveau sens du bonheur.

Soutien aux thérapeutes du deuil

En plus d'aider les gens affligés par le deuil, l'archange Azraël aide les thérapeutes spécialistes du deuil. À votre demande, Azraël peut inspirer vos paroles pendant que vous parlez aux endeuillés, afin de trouver des paroles de réconfort. Azraël peut

également vous aider à composer un éloge funèbre magnifique.

Si vous êtes un conseiller professionnel, vous savez sans doute que souvent les deuils non surmontés débouchent sur des troubles émotionnels et relationnels, des dépendances et d'autres troubles psychologiques. Alors, c'est une bonne idée d'inviter Azraël dans votre travail de soutien.

Au cours d'une période de 12 mois consécutifs, 3 membres de la famille proche de Kristy Ayala sont décédés. Elle n'avait pas le temps de se remettre de la perte d'un être cher qu'un autre s'en allait. Par chance, Kristy recevait le soutien de son mari et l'aide réconfortante de l'archange Azraël.

Pendant que Kristy commençait à guérir sa peine, Azraël lui a montré qu'elle devrait donner le même genre de soutien aux autres récemment affligés par un deuil. L'archange lui a expliqué qu'elle devrait faire des séances médiumniques pour permettre à ses clients et clientes d'entrer en contact avec leurs êtres chers décédés.

Au début, Kristy craignait que le désespoir de ses clients ne soit trop intense pour elle, puisqu'elle tentait elle-même de surmonter des deuils. Mais Azraël lui a assuré qu'il serait présent à chaque séance pour soutenir toutes les personnes qui participeraient. Après avoir entendu cela, Kristy est allée de l'avant dans sa pratique médiumnique, et elle trouve aujourd'hui que ce type de séance est son moyen thérapeutique de prédilection.

Azraël continue de soutenir Kristy dans son travail de deuil personnel et professionnel et dans ses séances médiumniques, surtout lorsqu'elle-même ou ses clients ont besoin de réconfort.

L'archange Azraël nous tend la main et nous apaise lors des transitions de la vie. Il nous aide à comprendre que les fins et les commencements sont naturels, et à composer avec eux. Dans le chapitre suivant, nous rencontrerons l'archange Jophiel, qui nous apprend comment créer une vie magnifique.

Chapitre 10

JOPHIEL

*Cher archange Jophiel, merci de m'aider
à embellir mes pensées et ma vie.*

Jophiel est aussi connu sous le nom de : Iofiel,
Iophiel, Zaphiel ou Zophiel

Le nom Jophiel signifie : « Beauté de Dieu »

Jophiel figure parmi les sept archanges principaux du *De Coelesti Hierarchia* (« La Hiérarchie
céleste ») du Pseudo-Denys, un ouvrage du Vᵉ siècle
très important dans la théologie chrétienne. On dit
que cet ouvrage a influencé les écrits de Thomas
d'Aquin sur les neufs chœurs des anges.

En tant qu'ange de la beauté, Jophiel dégage
une énergie nettement féminine. Sa mission est
d'apporter la beauté dans tous les aspects de la vie,
incluant :

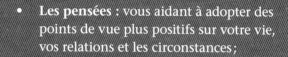

- **Les pensées** : vous aidant à adopter des points de vue plus positifs sur votre vie, vos relations et les circonstances ;

- **Les sentiments** : remplissant votre cœur d'une gratitude et d'une joie profondes ;

- **La maison et le bureau** : vous aidant à réduire le désordre et à créer un environnement positif, propice au travail et à la relaxation ;

- **Le moi personnel** : vous guidant pour prendre soin de vous-même, y compris vous embellir.

L'archange Jophiel peut vous aider à passer rapidement d'une attitude négative à une attitude positive. Jophiel est d'une aide exceptionnelle pour dissiper les malentendus avec les autres. Cet archange ne ménage rien pour apporter la beauté dans votre vie, y compris vous aider avec votre chevelure, maquillage et garde-robe.

Parfois, les personnes s'inquiètent de « déranger » les anges avec des choses banales, car elles croient que leurs demandes les détournent de questions plus urgentes. Comme je l'ai dit, pourtant, les anges sont des êtres sans entraves et peuvent aider simultanément un nombre illimité de personnes dans un nombre illimité de situations. Ils souhaitent

s'impliquer davantage dans nos vies, dans les grands moments et les petits, pour nous aider à trouver la paix à tout moment.

Par exemple, lorsque Karen Forrest a été invitée à une émission de télévision pour parler de son livre (une histoire qui figure au chapitre 3), sa sœur Lesa lui a demandé ce qu'elle prévoyait porter. Karen a répondu qu'elle n'y avait pas encore songé. Lesa était épouvantée que Karen n'ait pas encore choisi ses vêtements quelques heures avant son passage à la télé.

Karen a rassuré sa sœur en lui disant que Jophiel s'occupait de sa garde-robe. Après tout, Jophiel l'avait aidée plusieurs fois à magasiner et à s'habiller dans le passé. Alors, Karen lui a demandé de guider son choix de vêtements. Au moment de s'habiller, elle a sollicité encore une fois l'archange.

Immédiatement, Karen s'est détendue et a aperçu mentalement un chemisier gris à manches courtes. En l'essayant, elle a réalisé qu'il était splendide et qu'il épouserait parfaitement son corps lorsqu'elle serait assise pour l'entrevue.

Tout comme Karen, j'ai également invoqué l'archange Jophiel pour m'aider à choisir mes tenues lors de mes ateliers. Au cas où vous penseriez que l'art de se faire une beauté ou le magasinage sont des activités futiles pour les archanges sacrés, gardez à l'esprit que Jophiel et les autres anges cherchent à accomplir la volonté divine de paix sur Terre. Alors, l'honneur sacré des anges leur commande de nous aider dans tout ce qui nous apporte la paix.

Maria de los Angeles Duong sait par expérience que l'archange Jophiel est un merveilleux guide pour le magasinage. Loin de banaliser les fonctions de cet archange puissant, vous pouvez l'invoquer chaque fois que vous souhaitez embellir votre vie... et cela inclut acheter des vêtements, des accessoires et d'autres objets esthétiquement plaisants.

Depuis un certain temps déjà, Maria recherchait une écharpe et un pull violets ainsi que des souliers de ballet noirs, mais sans succès. Les souliers, particulièrement, étaient un problème, puisque partout où Maria allait, elle ne trouvait jamais sa pointure.

Puis, elle s'est souvenue que Jophiel, l'ange de la beauté, pouvait l'aider à trouver des vêtements élégants et abordables. Alors, Maria lui a demandé de la guider vers ces articles. Immédiatement, elle a roulé en direction d'un petit centre commercial où elle se rendait rarement. C'est à peine si Maria a été surprise d'y trouver le pull et les souliers tant recherchés, à sa taille et en vente de surcroît!

Maria a remercié avec effusion Jophiel pour son aide. Ensuite, l'archange l'a guidée vers un magasin où elle a trouvé deux magnifiques écharpes violettes. Mais elle se demandait laquelle elle devait acheter.

Jophiel a dû envoyer des anges terrestres en renfort, parce que quelques instants plus tard, une autre cliente a remarqué que l'écharpe violette brillante que Maria tenait dans ses mains était beaucoup plus jolie que l'autre. Heureuse de son achat, Maria a porté son écharpe pour le reste de ses achats et a reçu deux autres compliments sur sa couleur. Maria s'est exclamée : « Merci, bel archange Jophiel ! »

L'ange feng shui

Lorsque vous demandez à Jophiel de vous aider à embellir votre vie, vous pourriez vous sentir enclin à donner ou vendre des articles qui ne vous intéressent plus. Je désigne affectueusement et respectueusement Jophiel comme l'« ange feng shui », d'après l'ancien art asiatique de l'aménagement intérieur. Jophiel sait combien un environnement organisé influence notre niveau d'énergie, notre humeur, notre sommeil et même notre santé.

La couleur du halo de Jophiel est fuchsia foncé. Alors, si vous apercevez des éclats ou des étincelles de lumière rose vif, ou si vous êtes soudainement attiré par cette couleur, c'est un signe que l'archange est avec vous.

Jophiel nous rappelle la joie qu'engendre la beauté et nous aide en conséquence à vivre plus heureux. Dans le chapitre suivant, nous rencontrerons l'éclatant archange Haniel.

Chapitre 11

HANIEL

*Cher archange Haniel, merci de m'aider
à accepter et apprécier avec grâce les autres,
moi-même et ma propre vie.*

Haniel est aussi connu sous le nom de : Aniel, Hanaël ou Hanniel

Le nom Haniel signifie : « La grâce de Dieu »

Dans la Kabbale, Haniel préside à la septième Sephirah, ou *Netzach* (émanation de la volonté divine). Cette sphère est associée à la victoire et représente notre monde intérieur de l'intuition, de l'imagination et des émotions.

La Sephirah Netzach marque le début du libre arbitre humain et l'expression de l'endurance et de la ténacité. C'est l'incarnation de l'amour terrestre.

Comme pour l'exploration de l'intuition et de l'imagination de Netzach, l'archange Haniel fait rayonner ses qualités intérieures à l'extérieur, telle une pleine lune. Archange mystérieux et féminin, Haniel est révéré depuis l'époque babylonienne, qui associait l'astronomie à la religion.

L'archange Haniel peut vous aider à développer votre intuition et votre clairvoyance, ainsi que tous les aspects de l'énergie féminine sacrée. Haniel est, par essence, un archange au quasi-statut de déesse, mais ne doit pas être confondu avec l'ange de la planète Vénus, Anaël. Haniel est l'ange de la lune, et particulièrement la pleine lune, semblable à une déité lunaire. Toutefois, Haniel demeure un ange monothéiste, fidèle à la volonté et au culte divins.

Problèmes de santé physique et émotionnelle des femmes

Il est très efficace d'invoquer Haniel au cours de la pleine lune, particulièrement si vous souhaitez vous libérer de quelque chose ou soigner quelque chose. Haniel peut particulièrement aider les questions de nature féminine.

Natalie Yates travaille avec l'archange Haniel depuis quelques années déjà. Elle trouve que l'énergie d'Haniel nourrit délicatement les personnes, avec une sorte de bonté particulière. Puisque Haniel est associé à la lune, Natalie sollicite souvent l'ange durant la pleine lune pour relâcher toute forme de négativité. Elle s'assoit à l'extérieur, sous la lune, et dit : «Je demande à l'archange Haniel et à l'énergie de la pleine lune de bien vouloir m'aider à me libérer de [en nommant ce dont il s'agit]».

En quelques instants, Natalie ressent une vague d'énergie qui donne la sensation de passer sur elle en la nettoyant. Elle peut pratiquement voir les ailes d'Haniel battre au-dessus d'elle, balayant les résidus d'énergie qui s'échappent d'elle.

Natalie obtient également beaucoup de succès en demandant à Haniel d'aider à soulager ses douleurs menstruelles. Elle dit que les premières fois qu'elle a demandé à Haniel de l'aider avec les symptômes menstruels, il a fallu un peu de temps avant de sentir un soulagement. Mais plus elle a travaillé avec Haniel, plus le secours est arrivé rapidement à chaque mois. Natalie a également été inspirée à exposer une pierre de lune en pendentif à la pleine lune, afin «de le charger avec une énergie thérapeutique», et à le porter durant ses règles.

Natalie invoque l'archange Haniel durant les pleines lunes pour l'aider à se libérer des vieux schémas et de la négativité. Elle dit que lorsqu'elle se trouve à l'extérieur, à la lumière de la lune, et qu'elle invoque Haniel, son corps se couvre des pieds à la tête de «picotements d'ange», parce qu'elle ressent physiquement la puissante énergie de l'archange qui passe sur elle. Après cela, elle se sent rafraîchie et plus légère, grâce à Haniel et à la pleine lune.

Bien sûr, vous pouvez solliciter Haniel en tout temps, pas seulement à la pleine lune. L'archange a une présence féminine douce et agréable qui est aussi royale. Haniel me fait penser à une princesse magique.

En plus, Haniel est un guérisseur compatissant des peines d'amour et d'autres chagrins émotionnels.

Par exemple, Jessica Welsh était affectée par une relation amoureuse douloureuse, où il semblait que ni elle ni son partenaire n'arrivaient jamais à communiquer. Alors, elle a médité et demandé aux anges de l'aider à s'en remettre. Jessica a aperçu et senti Haniel très distinctement. L'archange a passé ses mains au-dessus de son corps, arrêtant à chaque chakra pour extirper les énergies inférieures. Puis, Haniel l'a enveloppée dans une lumière blanche. L'archange Raphaël a aussi brièvement secouru Haniel afin d'entourer Jessica d'une lumière thérapeutique verte. Lorsque Raphaël est parti, Haniel a annoncé à Jessica : « Tu es maintenant guérie. »

Jessica se souvient qu'après cette séance de guérison avec Haniel et Raphaël, jamais elle ne s'était sentie aussi bien de sa vie. Depuis cette séance, Jessica ne ressent plus de tristesse par rapport à sa relation et ne garde plus de rancune envers son ex-partenaire. Elle va vraiment de l'avant !

Aide intuitive

En tant qu'expression du monde intérieur de l'intuition, l'archange Haniel est un guide d'un grand secours pour les personnes qui veulent développer leurs dons spirituels, telle la clairvoyance. Son halo de couleur blanc bleuâtre me fait penser à la lune, et le fait de porter une pierre de lune peut à la fois amplifier les transmissions intuitives et vous aider à entrer en contact avec Haniel.

Les hommes, autant que les femmes, bénéficieront de leurs contacts avec Haniel, puisque les hommes possèdent également une énergie féminine (tout comme les femmes ont une énergie masculine). Haniel peut aider les individus des deux sexes à éveiller et suivre leur guidance interne.

L'archange Haniel nous aide à atteindre la sagesse profonde que nous portons en nous et à développer une communication plus claire avec le Divin. Dans le prochain chapitre, nous allons entrer en contact avec un autre archange mystique et magique : Raziel.

Chapitre 12

RAZIEL

*Cher archange Raziel, merci de
guider ma compréhension spirituelle
vers le savoir et la sagesse.*

Raziel est aussi connu sous le nom de : Ratziel

Le nom Raziel signifie : « Les secrets de Dieu »

Selon la légende, l'archange Raziel se tient si près du trône divin qu'il entend et note tout ce que Dieu dit. Raziel rassemble ces connaissances dans un livre nommé *Sefer Raziel HaMalach,* ou le « Livre de l'ange Raziel ». Ce livre est censé renfermer toute la sagesse universelle, et Raziel en aurait donné une copie à Adam, le premier homme. Selon la légende, encore une fois, il aurait permis à Noé d'acquérir les connaissances pour construire son arche. Le livre a été transmis de génération en génération jusqu'au roi Salomon. Une pseudo version moderne du livre, portant le même titre, se trouve aujourd'hui dans les librairies.

Raziel (en tant que Ratziel) est l'archange de la *Chokmah,* la seconde Sephirah (aspect de Dieu) de l'Arbre de Vie kabbalistique. Raziel possède le pouvoir de transformer le savoir en sagesse pratique. Raziel nous aide, nous les humains, à manier notre savoir jusqu'à ce qu'il se spiritualise et devienne une seconde nature. Dans la sphère Chokmah, nous apprenons à tenir le cap et à fuir les distractions. Cela implique de nous mettre au diapason de notre Moi supérieur, qui est le lien à la sagesse divine.

Le personnage de Raziel ressemble à un vieux magicien sage. Imaginez Merlin avec de gigantesques ailes d'aigle et vous aurez une idée de l'énergie de Raziel. Cet archange magique est heureux de transmettre le savoir ésotérique, particulièrement à des fins de guérison. Son aura est aux couleurs de l'arc-en-ciel, comme la lumière du soleil se réfléchissant à travers un prisme de quartz.

La sagesse des autres vies

*Merci, archange Raziel, de m'aider à surmonter
toutes les craintes provenant de vies antérieures,
afin que je puisse me concentrer sur
ma mission de vie divine actuelle.*

En tant qu'archiviste de la sagesse et des secrets anciens, l'archange Raziel voit le livre de vie, ou archives akashiques de chaque personne, ce qui inclut les contrats de l'âme et ses vies antérieures. Vous n'avez toutefois pas besoin de croire à la réincarnation pour bénéficier du travail de guérison accompli par Raziel sur les vies antérieures.

Raziel vous aide à vous rappeler toutes les leçons que votre âme a acquises avec le temps et à les condenser sous une forme d'énergie utilisable pour votre mission de vie actuelle. Raziel aide également à se remettre de souvenirs pénibles et d'anciens traumatismes, surtout s'ils engendrent des craintes qui vous empêchent d'aller de l'avant dans votre mission de vie. De plus, Raziel peut vous aider à dissoudre tous les serments pénibles que vous auriez pu faire dans une vie antérieure, comme ceux de pauvreté, d'abnégation ou de chasteté. Si vous ne voulez plus subir les contrecoups de ces vœux dans votre vie présente, invoquez Raziel pour les rompre de la façon suivante :

Cher archange Raziel, je souhaite rompre
tout vœu de pauvreté, d'abnégation et de chasteté,
et je te demande de m'aider à surmonter les effets
de ces vœux, passés, présents ou futurs,
pour toutes les personnes concernées.

Cette prière devrait normalement réparer tous les effets négatifs récurrents entourant l'argent et les relations amoureuses, et devrait améliorer l'estime personnelle et le sentiment de dignité.

Des études ont démontré que le travail sur les vies antérieures permet de réduire ou d'éliminer les dépendances et les phobies, d'améliorer le sentiment de bien-être et d'aider dans les relations interpersonnelles.

Par exemple, Tia Spanelli a toujours été attirée par les hommes aux cheveux foncés, aux yeux bleus, à la peau claire, avec un accent étranger. Cependant, il n'y avait aucun jeune homme regroupant toutes ces caractéristiques dans le coin où a grandi Tia. Elle raconte : « C'est comme si j'avais créé ce type idéal dans mon imagination ». Simultanément, Tia avait une grande crainte que les hommes ne l'agressent sexuellement, ce qui ne se basait pas sur son expérience, puisqu'elle n'avait jamais été agressée d'aucune façon. De plus, Tia est devenue francophile, étudiant tout sur le français. Elle n'avait aucune idée d'où pouvaient venir ses intérêts et ses phobies.

Tia a trouvé réponse à ses questions en écoutant mon enregistrement sur l'archange Raziel. Elle raconte ce qui est arrivé par la suite :

Mes yeux roulaient au fond de ma tête à une vitesse incontrôlable, tandis que je reculais dans le temps. Après cela, je n'étais plus assise à mon bureau, mais j'ai été transportée en Afrique. Je ne sais pas vraiment de quelle

période il s'agissait, mais je me trouvais dans un village à un moment qui semblait se situer au début de l'ère moderne.

J'étais une fille du village — mince, avec une peau acajou pâle et des cheveux courts. Je portais un bracelet au bras droit. Ma robe était de couleur fauve, avec une ceinture mince autour de la taille, et elle ressemblait à une jolie robe de cocktail. L'homme dont j'étais amoureuse était un soldat de l'armée française. Il n'était pas trop grand, mais un peu plus que moi. Son uniforme était bleu, bien assorti à ses yeux bleu saphir.

Notre amour était profond, mais il a pris fin aussi vite qu'il avait commencé, après que l'un de ses compagnons d'armes l'ait suivi jusqu'à notre village, à notre lieu de rencontre. Le soldat a révélé notre position et notre situation à ses officiers, ce qui a sonné la fin de notre relation. J'ai été capturée et violée de multiples façons, ce qui a entraîné ma mort.

Après cette vision, je me suis « réveillée » et me trouvais de nouveau devant mon bureau. De nombreuses émotions déferlaient sur moi, et je pleurais. Mais je sais maintenant pourquoi, depuis un très jeune âge, je préfère un certain type d'homme, pourquoi j'ai suivi, parmi toutes les autres langues, des cours de français au collège et pourquoi j'ai si peur d'être violée, alors qu'il n'y aucune raison à cela.

Grâce à ces révélations et à ses connaissances personnelles, Tia a pu passer à autre chose.

Les secrets de l'univers

Cher archange Raziel, je te demande de m'instruire sur Dieu, la sagesse universelle et les secrets de l'univers, étant donné qu'ils me permettent de vivre une vie plus paisible.

En tant qu'archange des secrets, du savoir ésotérique et de la sagesse, Raziel est un enseignant naturel. Par conséquent, vous pouvez lui poser n'importe quelle question, tout comme vous le feriez à un mentor.

Tanya Snyman a eu des résultats positifs en posant des questions à l'archange Raziel. Elle a reçu des conseils très clairs lorsqu'elle lui a récemment écrit : « Que contient mon avenir ? » Tanya a alors noté les pensées et les sentiments qu'elle recevait en guise de réponse de la part de Raziel :

Tu es guidée sur ta route. Il n'y a pas de direction. Pas de bonne ou de mauvaise voie. Tu es ici, sur ton chemin. C'est là que tu dois être. Il

n'y a rien d'autre à savoir ou à se rappeler. Seulement d'« être » sur ta voie. Tout se dévoilera au bon moment selon le plan divin. Tu ne dois pas te tracasser avec cela maintenant. Actuellement, tu es en paix. Actuellement, tu sais tout ce que tu dois savoir. La vie, c'est maintenant, et c'est cela qui est important.

C'est le plus beau et le plus précieux présent de la vie. De vivre dans l'instant présent. D'être dans le présent. Le présent est l'endroit où s'ouvrent toutes les possibilités et les portes de la vie et de l'amour. Ressens-le dans ton cœur. Ce sentiment profond de connaissance et d'amour. Ce sentiment qui te garde ici et maintenant. Il t'aide à accomplir ta tâche sur cette planète.

L'archange Raziel éveille notre connaissance du passé et la sagesse ésotérique de l'univers. Ensuite, nous rencontrerons l'archange Raguel, qui nous aide à mettre cette sagesse providentielle en pratique dans nos relations actuelles.

Chapitre 13

RAGUEL

*Cher archange Raguel, merci de rendre toutes
mes relations harmonieuses et de m'aider à être
un bon ami pour moi et les autres.*

Raguel est aussi connu sous le nom de : Raguil,
Rasuil, Reuel, Ruhiel, Ruagel ou Ruahel

Le nom Raguel signifie : «Ami de Dieu»

C'est le livre apocryphe d'Hénoch qui mentionne le premier l'archange Raguel, lequel figure
parmi les sept archanges principaux. Raguel est
considéré comme l'archange de l'ordre, de l'équité,
de l'harmonie et de la justice. Il surveille également
les relations entre les anges et les humains. Dans le
livre d'Hénoch, Raguel punit ceux qui ont violé la
volonté divine.

L'archange des relations harmonieuses

*Merci, archange Raguel, de guérir ma relation
avec* [nom de la personne] *et de nous aider à lâcher
prise, à pardonner et à avoir de la compassion
pour le point de vue de l'autre.*

Comme l'implique son nom d'«ami de Dieu», Raguel est l'ange vers qui se tourner pour des relations harmonieuses. Il apporte le pardon, la paix et le calme entre les gens, et guérit les malentendus. Il peut également vous aider à attirer de merveilleux amis qui vous traiteront avec intégrité et respect. Au fil des ans, j'ai entendu de nombreuses histoires où Raguel a arrangé miraculeusement des querelles.

Par exemple, chaque soir lorsqu'elle se couche, une femme nommée Stevie dit à l'archange Raguel : «S'il te plaît, guéris toutes mes relations qui ont besoin de rétablissement et renforce celles qui sont importantes à mes yeux». Cette requête arécemment porté fruit lorsqu'elle et sa grande amie ont eu une dispute. L'amie de Stevie avait même cessé de lui parler!

Stevie ne savait pas comment arranger la situation, alors elle a demandé à l'archange Raguel de rétablir l'harmonie dans sa relation et de mettre en évidence la raison du conflit afin qu'elle et son amie puissent le résoudre. Le jour suivant, Stevie a senti que la tension entre les deux baissait. Elles ont pu avoir une discussion à cœur ouvert et résoudre le malentendu. Leur relation est désormais plus solide que jamais.

L'archange Raguel offre l'harmonie à toutes les relations, incluant celles dans les amitiés, les histoires d'amour, la famille et les affaires. Parfois, il guérit instantanément la relation, et d'autres fois il vous offre une guidance intuitive. Vous reconnaîtrez cette guidance comme des sensations instinctives, des pensées, des visions ou des signes répétitifs qui vous guideront à faire des gestes bénéfiques pour votre relation.

Lorsque Maria de los Angeles Duong (qui a déjà été mentionnée au chapitre 10) et son mari ont dû faire face à des problèmes d'infertilité, des tensions sont apparues dans leur mariage. Alors, Maria s'est mise à invoquer l'archange Raguel pour adoucir leur relation. Elle a immédiatement remarqué qu'elle et son mari se montraient plus compréhensifs l'un envers l'autre. Avec l'aide de Raguel, ils ont été en mesure de résoudre leurs problèmes de manière plus paisible et équitable pour l'un et l'autre.

Et assez tôt, Maria a constaté que Raguel continuerait de l'aider personnellement.

Lorsqu'elle a eu récemment un résultat positif à un test de grossesse, elle débordait de joie. Malheureusement, elle a fait une fausse couche quelques jours plus tard : Maria était bouleversée !

Pour aider à guérir son cœur et son corps, Maria a pris rendez-vous avec un spécialiste du *bodywork*

(intégration corps et esprit). Durant la séance, le guérisseur a déclaré : «Je vois un ange masculin. Il dit
que son nom est Raguel, l'ange de l'espoir. Il t'accompagne actuellement.» Le guérisseur lui a demandé
si elle avait déjà entendu parler d'un ange nommé
Raguel, et Maria a compris que l'ange l'aidait à garder
l'espoir qu'elle et son mari auraient un bébé.

L'archange peut vous aider dans tous les aspects
de vos relations, y compris votre rapport à *vous-même*.
Le chapitre suivant présente l'archange Jérémiel, qui
offre également une lumière de guérison à votre moi
intérieur.

Chapitre 14

JÉRÉMIEL

Cher archange Jérémiel, merci de m'aider à avoir une vision spirituelle claire de la guidance divine qui me conduira sur le chemin de ma mission de vie.

Jérémiel est aussi connu sous le nom de : Eremiel, Ramiel, Remiel ou Jerahmeel

Le nom Jérémiel signifie : « Clémence de Dieu »

Jérémiel est reconnu par la tradition orthodoxe orientale et dans plusieurs livres non canoniques et coptes, comme le quatrième livre ou Apocalypse d'Esdras, qui rapporte des conversations entre lui et Esdras, puis avec Zephaniah. Jérémiel explique qu'il veille sur les âmes des disparus au cours du Déluge.

Dans le livre éthiopien d'Hénoch, Jérémiel fait partie des sept archanges et est souvent cité sous le nom de Ramiel. Dans ce texte sacré, ainsi que dans le deuxième livre non canonique de Baruch, Jérémiel (Ramiel) est l'ange de l'espoir qui inspire les visions divines et donne des soins aux âmes qui sont prêtes à monter au Ciel.

Par son habileté à inspirer des visions spirituelles, Jérémiel est l'ange idéal à solliciter lorsque vous cherchez l'inspiration. Vous pouvez également l'invoquer pour éveiller votre clairvoyance et vos rêves.

Examens de vie

On dit que l'archange Jérémiel aide les âmes des nouveaux défunts à revoir leur vie avant de monter au Ciel. Il peut également aider ceux qui demandent à réviser leur vie actuelle. En d'autres mots, vous n'avez pas besoin d'attendre de mourir pour faire l'examen de votre vie. L'archange Jérémiel peut aider pendant que vous faites l'inventaire de vos actions et ajustez vos projets en fonction d'elles.

Par exemple, Melanie Orders savait qu'elle était destinée à devenir une guérisseuse, mais elle ne savait pas quel chemin prendre. Alors, elle a demandé conseil et a tiré une carte du jeu *Cartes divinatoires des archanges*. Sur la carte figurait l'archange Jérémiel, et il parlait de faire l'examen de sa vie.

Melanie a pris ce message à cœur et décidé de le faire avec l'aide de l'archange. Elle s'est rendue dans

un endroit tranquille et privé, puis a médité. L'archange Jérémiel est immédiatement venu à elle et l'a conduite dans un examen de sa vie, comme si elle regardait un film de son histoire personnelle.

Tout d'abord, Melanie s'est vue en tant qu'âme avant la naissance, et elle a compris pourquoi elle avait pris la décision de naître à ce moment-là. Ensuite, elle s'est vue comme une enfant qui croit aux fées et qui pense qu'elle aussi peut voler. Elle a aperçu les amies de son enfance et réalisé qu'elles ressemblaient toutes à de petites sirènes dans leur apparence et leurs manières.

Jérémiel a montré à Melanie toutes ses expériences spirituelles et les leçons acquises au cours de son enfance et de son adolescence, incluant les livres Nouvel Âge qu'elle avait écrits, les cours d'art qu'elle avait suivis et le yoga qu'elle avait pratiqué. Il lui a fait voir qu'elle avait toujours été attirée par les massages et la médecine alternative. Après cette révision de sa vie, Melanie y voyait plus clair et se sentait plus assurée de suivre sa route de guérisseuse.

Jérémiel a également contribué à protéger Melanie et sa famille quelque temps plus tard, lorsqu'un ex-employé mécontent a commencé à laisser des messages de menaces sur leur répondeur et s'est mis à les traquer pour prendre sa revanche. Très effrayée, Melanie a demandé l'aide des anges.

Un soir qu'elle méditait, Melanie a eu la vision d'un ange magnifique qui s'avançait vers elle.

Il semblait si paisible et dégageait un sentiment d'amour profond. Elle a su aussitôt qu'il s'agissait de l'archange Jérémiel, qui l'avait aidée à voir clair dans sa mission de vie. Son énergie affectueuse et patiente l'a soulagée.

Jérémiel a rassuré Melanie que tout irait bien. Il lui a dit : «Continue seulement d'envoyer de l'amour à cet homme et à sa famille, ainsi qu'à toi-même, à ton mari et à ta propre famille». Jérémiel a demandé à Melanie de se montrer forte et de se libérer de toutes ses préoccupations et sa colère.

Chaque soir, Jérémiel est apparu à Melanie, émettant une lumière et lui demandant de visualiser la situation comme si elle était résolue. Environ une semaine plus tard, le père de Melanie a rencontré l'ex-employé et lui a demandé d'expliquer son comportement. L'homme s'est excusé et a dit qu'il venait de se trouver un nouvel emploi et qu'il était à présent heureux. Depuis ce temps, il laisse Melanie et sa famille tranquilles.

Melanie se sent si reconnaissante de savoir que Jérémiel est disponible et qu'il veut l'aider à garder sa patience, ainsi qu'à trouver le calme et la paix.

Jérémiel est un mentor et un enseignant qui nous guide clairement à nous regarder nous-mêmes et les autres avec les yeux de l'amour. Au chapitre suivant,

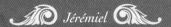
nous verrons l'archange Zadkiel qui nous aide à nous souvenir de notre héritage divin.

Chapitre 15

ZADKIEL

*Cher archange Zadkiel, merci de m'aider à me
rappeler que je suis un enfant béni de Dieu.*

Zadkiel est aussi connu sous le nom de : Sachiel,
Tzadkiel, Zachariel ou Hesediel

Le nom Zadkiel signifie : « Droiture de Dieu »

Dans les écrits rabbiniques juifs, Zadkiel est décrit
comme l'archange qui inspire aux gens le pardon et
la compassion. Dans la Kabbale, Zadkiel (en tant que
Tzadkiel) préside à la quatrième Sephirah, ou *Chesed*,
de l'Arbre de Vie. La sphère Chesed est associée à la
pratique de la bonté et à l'amour inconditionnel, en
tant que manifestation de Dieu sur Terre.

Zadkiel est l'un des sept archanges de la tradition gnostique, ainsi que dans les écrits du Pseudo-
Denys. Sous son autre nom de Zachariel, il a été

identifié comme l'un des sept archanges par le Pape Grégoire.

Aide aux étudiants

Cher archange Zadkiel, merci de m'aider à me souvenir de toutes les informations importantes sur ce sujet.

Zadkiel a longtemps été considéré comme l'«ange de la mémoire», qui peut aider les étudiants et les personnes qui ont besoin de se souvenir d'informations et de chiffres.

Par exemple, lorsque Celia Salazar a échoué à son examen pour devenir ingénieure professionnelle agréée, elle a été bouleversée. En se préparant pour un nouvel examen, Celia se sentait nerveuse et pas assez préparée. Par chance, sa sœur Mary lui a enseigné à invoquer les archanges Uriel (l'ange de la sagesse) et Zadkiel en guise de compagnons d'études.

Lorsqu'est arrivé le moment du second test de Celia, elle a invoqué l'aide et la guidance d'Uriel et de Zadkiel. Elle a noté un bruit de sonnerie dans ses oreilles, qu'elle a attribué à la présence et à la guidance des archanges. Celia a également ressenti un grand sentiment de paix et de confiance. Au lieu de prendre huit heures pour faire l'examen, elle l'a fait en six heures seulement.

La première fois, Celia était sortie avec une migraine et des tensions. Mais cette fois-ci, avec

l'aide d'Uriel et de Zadkiel, elle se sentait remplie de foi. Et, bien sûr, elle a réussi l'examen!

Guérir nos souvenirs

Merci, archange Zadkiel, de m'aider à me concentrer sur les souvenirs agréables et à me libérer des autres.

La double tâche de Zadkiel portant sur le pardon et la mémoire peut vous aider à guérir la douleur émotionnelle venant de votre passé. L'archange peut collaborer avec vous pour vous libérer de la vieille colère ou des sentiments de victimisation, afin que vous puissiez vous souvenir de votre mission de vie et la vivre. Tandis que vous demandez une guérison émotionnelle, il détournera votre attention des souvenirs douloureux pour l'attirer sur la mosaïque des plus beaux moments de votre vie.

Linda Sue Blaylock adore entrer en contact avec l'archange Zadkiel, et elle reçoit souvent des messages profonds de sa part durant ses méditations. Récemment, elle en a noté certains touchant ses relations avec les autres :

Laisse tomber ta garde, non seulement avec toi-même, mais aussi avec les autres. Il est maintenant temps d'établir des liens et d'aimer. Remarque toutes les nouvelles âmes qui traversent ton chemin maintenant! Sache qu'elles

apparaissent dans ta vie pour une raison précise, tout comme tu apparais dans la leur. Tout le monde a quelque chose à offrir aux autres et à partager avec eux, et c'est aussi ton cas! L'unicité de chaque personne doit être appréciée et valorisée et non jugée. Regarde tes différences et célèbre les possibilités d'apprentissage et de partage qui en découlent. Tu seras surprise des nouvelles expériences et de l'aide qui apparaîtra dans ta vie.

Zadkiel a conseillé à Linda Sue de manifester une ouverture d'esprit avec les gens de son passé qui ont réapparu dans sa vie, et de ne pas les juger. Il lui a conseillé de soigner les vieilles blessures émotives en lui promettant : «Le changement d'énergie sera important et l'univers fleurira pour former un environnement plus paisible, imprégné d'amour — une réalité que tout le monde désire».

L'archange Zadkiel est un grand guérisseur de l'esprit, qui vous conduit doucement par la main pour prendre en charge votre propre bonheur. Dans l'épilogue, vous apprendrez à connaître d'autres archanges que vous pourriez vouloir solliciter ou avec lesquels vous pourriez vouloir travailler.

ÉPILOGUE

D'AUTRES ARCHANGES
REMARQUABLES

Il existe des centaines, peut-être des milliers d'archanges dans l'univers. Les anciennes écritures juives disent que chaque fois que Dieu parle, un ange est créé. La grande majorité de ces anges et archanges sont secourables, affectueux, dignes de confiance et bienveillants. Comment savoir si vous pouvez faire confiance à un ange en particulier ? Observez les réactions de votre corps face au nom de l'ange, et fiez-vous à votre intuition. Si vous ressentez un sentiment de détente et de bonheur en l'examinant, c'est un bon signe ! Si vous vous sentez mal à l'aise devant une personne, un esprit, un ange ou tout autre être, considérez cela comme un drapeau rouge d'avertissement, et évitez cet être dans le futur.

Comme il s'agit d'un livre « 101 », un livre d'introduction au royaume des archanges, j'ai choisi de me concentrer sur 15 de mes préférés. Cependant, il y en de nombreux autres que vous pourriez souhaiter connaître, tels ces archanges dignes de confiance et consacrés par l'usage :

Barachiel, Baradiel ou Baraqiel : L'un des sept archanges de la foi orthodoxe orientale, qui est nommé dans le livre d'Hénoch. Il protège contre les orages de grêle, au sens littéral et métaphorique. Invoquez Barachiel lorsque vous avez besoin d'énergie pour aller de l'avant.

Jéhudiel ou Jegudiel : Cet archange des gnostiques et des orthodoxes orientaux aide et soutient les personnes qui subissent des procès ou qui peinent avec leur mission de vie divine. Il protège et guide ceux qui travaillent à la gloire de Dieu. Dans les œuvres d'art, on représente Jéhudiel tenant une couronne d'or.

Sealtiel ou Selaphiel : Cet archange est un intercesseur auprès de Dieu, qui nous aide à nous concentrer sur nos prières afin qu'elles viennent du cœur sans que nous ayons à subir de distraction. Sealtiel est l'un des sept archanges gnostiques et il est décrit dans le troisième livre d'Esdras.

Tzaphkiel ou Zaphkiel : Cet archange préside à la sphère *Binah* de l'Arbre de Vie kabbalistique. Binah

est le vaisseau féminin sacré de la compréhension et du raisonnement intuitif.

Zerachiel : L'un des sept archanges nommés dans le premier livre d'Hénoch, Zerachiel est un archange de l'Au-delà qui veille sur les enfants abusés. Son nom signifie «commandement de Dieu».

ANNEXE

SPÉCIALITÉS
DES ARCHANGES

Michael — protection, courage, confiance et sécurité ; guidance dans la mission de vie ; réparation des objets mécaniques et électroniques.

Raphaël — guérison des gens et des animaux ; soutien aux guérisseurs dans leur formation et pratique ; guidance et protection pour les voyageurs ; connexion avec votre âme sœur.

Gabriel — porteur des messages importants et clairs ; aide ceux qui sont des messagers (enseignants, écrivains, acteurs et artistes) ; assistance dans tous les aspects de l'éducation des enfants, incluant la conception, l'adoption et les naissances.

Uriel — compréhension intellectuelle ; conversations ; idées, intuitions et épiphanies ; études, écoles et examens ; écrire et parler en public.

Samuel — paix universelle et personnelle ; trouve ce que vous cherchez.

Ariel — harmonie avec la nature, les animaux et les esprits de la nature (par exemple, les fées) ; manifeste vos besoins terrestres ; guidance dans une carrière ou un métier touchant l'environnement ou le bien-être des animaux.

Métatron — géométrie sacrée et guérison ésotérique ; travaille avec l'énergie universelle incluant la gestion du temps et les « distorsions temporelles » ; aide les personnes hypersensibles (particulièrement les jeunes qui sont souvent désignés comme enfants i*ndigo* ou *cristal).*

Sandalphon — reçoit et transmet les prières entre les êtres humains et Dieu ; guidance et soutien des musiciens.

Azraël — guérison des affligés ; assistance aux âmes qui passent dans l'Au-delà ; soutient les thérapeutes spécialistes du deuil.

Jophiel — magnifie et améliore vos pensées et sentiments ; aide à éliminer le désordre dans votre vie.

Haniel — éveille et permet de faire confiance en vos dons spirituels d'intuition et de clairvoyance; libère des anciens schémas; soutient et guérit les questions de santé physique et émotionnelle des femmes.

Raziel — compréhension des secrets de l'univers; souvenance et guérison des vies antérieures; compréhension de la sagesse ésotérique, comme l'interprétation des rêves.

Raguel — guérit les querelles ou les malentendus; apporte l'harmonie dans toute situation; attire de nouveaux amis merveilleux.

Jérémiel — développement et compréhension de la clairvoyance et des visions spirituelles; guidance dans l'examen de votre vie afin d'apporter les ajustements conformes à la vie que vous souhaitez mener.

Zadkiel — aide les étudiants à se rappeler des informations et des chiffres pour les examens; guérit les souvenirs douloureux; aide à vous souvenir de votre origine spirituelle divine et de votre mission; favorise le pardon.

COULEURS DES AURAS DES ARCHANGES

Michael — pourpre impérial, bleu royal et or

Raphaël — vert émeraude

Gabriel — cuivre

Uriel — jaune

Samuel — vert pâle

Ariel — rose pâle

Métatron — violet et vert

Sandalphon — turquoise

Azraël — blanc crème

Jophiel — rose foncé

Haniel — bleu pâle (rayons de lune)

Raziel — couleurs de l'arc-en-ciel

Raguel — bleu pâle

Jérémiel — pourpre foncé

Zadkiel — bleu indigo foncé

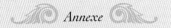
CRISTAUX ET GEMMES
ASSOCIÉS AUX ARCHANGES

Michael — sugilite

Raphaël — émeraude ou malachite

Gabriel — cuivre

Uriel — ambre

Samuel — fluorite

Ariel — quartz rose

Métatron — tourmaline melon d'eau

Sandalphon — turquoise

Azraël — calcite jaune

Jophiel — rubellite ou tourmaline rose foncé

Haniel — pierre de lune

Raziel — cristal de roche

Raguel — aigue-marine

Jérémiel — améthyste

Zadkiel — lapis lazuli

SIGNES ASTROLOGIQUES
ASSOCIÉS AUX ARCHANGES

Michael, Raphaël et Haniel — responsables de tous les signes astrologiques

Gabriel — *Cancer,* le parent bienveillant et travaillant

Uriel — *Verseau,* le penseur et l'analyste

Samuel — *Taureau,* l'infatigable chercheur de ce qui doit être dévoilé

Ariel — *Bélier,* l'esprit insouciant, lumineux et heureux

Métatron — *Vierge,* le travailleur acharné, industrieux, ingénieux, créatif, curieux et perfectionniste sérieux

Sandalphon — *Poissons,* l'artiste rêveur

Azraël — *Capricorne,* le guérisseur concerné par la mortalité et la finalité

Jophiel — *Balance,* l'ami de l'ordre et de la beauté

Raziel — *Lion,* l'éblouissant arc-en-ciel de couleurs et de lumière intense

Raguel — *Sagittaire,* celui qui est sociable et voit au maintien de la paix

Jérémiel — *Scorpion,* celui qui dit la vérité, puis glisse aisément dans l'ombre

Zadkiel — *Gémeaux,* le polyvalent, sociable mais appliqué

AU SUJET DE L'AUTEURE

Doreen Virtue est une métaphysicienne de quatrième génération, une voyante et une docteure en psychologie qui travaille avec les sphères angéliques, élémentaires et celles des maîtres ascensionnés. Parmi de nombreux ouvrages, elle est l'auteure des livres Archanges et maîtres ascensionnés, Visions angéliques et Les enfants de cristal. Doreen donne des ateliers à l'échelle internationale sur des sujets liés à ses livres et à ses cartes divinatoires. Pour obtenir plus d'information sur ses ateliers, veuillez consulter son site Internet au : www.AngelTherapy.com.

DE LA MÊME AUTEURE

Guérir avec l'aide des Anges (cartes)
Guérir avec l'aide des Fées (cartes)
L'oracle de l'archange Raphaël (cartes)
Archange Michaël (cartes)
Le sens de la ma vie (cartes)
Licornes magiques (cartes)
Messages de vos Anges (cartes)
L'oracle des Anges (cartes)
L'oracle des Fées (cartes)
L'oracle des Déesses (cartes)
Cartes des Archanges (cartes)
Saints et anges, cartes divinatoires (cartes)
Cartes divinatoires des Archanges (cartes)
Cartes divinatoires des maîtres Ascensionnés (cartes)
L'oracle des sirènes et des dauphins (cartes)
L'oracle des anges
Les miracles de l'Archange Michaël
Les miracles de l'Archange Raphaël
Messages de vos Anges, calendrier perpetuel
Paroles de réconfort de vos Anges
365 conseils de vos Anges
Messages de vos Anges
Mon Anges gardien
Histoires... de Fées
Archanges et Maîtres ascensionnés
La purification des Chakras (livre + CD)
La médecine des anges
Les signes de l'au-delà
Les enfants cristal

Notes

Notes

Notes